スポーツバイオメカニクス
完全準拠 ワークブック

宮西智久
【著】

化学同人

まえがき

ボールを上手に投げられるようになるためには，投げ方の基本を習った後，その動作を繰り返し練習する必要がある．このようにスポーツの技術習得と同様に，スポーツバイオメカニクスの理論（知識，法則，公式など）を，研究はもとより，実践（運動・スポーツ指導やトレーニング）の場で使いこなせるようになるためには，理論を習った後，その理論を具体的な事例に当てはめたさまざまな「応用（演習）問題」を繰り返し解く必要がある．

著者は，数年前に，ほかの大学の先生とともに，拙書『スポーツバイオメカニクス』（化学同人）（以下，教科書）を出版した．学生のスポーツバイオメカニクスの学習や理解が進むように，教科書の章内には例題を，章末には復習問題を取り上げた．しかし，それだけではまったく不足していたようで，出版後，意欲のある学生から“例題や演習問題をもっと多く取り上げてほしい”などの声がしばしばあった．というわけで，このような学生の要望に応えるために，本書を構想し，出版することとした．

本書は，健康・スポーツ，体育系で学ぶ大学生や専門学校生が，質の高い「専門家」を目指すために，「夢」をあきらめることなく，意欲的に勉学に打ち込めることを願って作成された，楽しく学べるスポーツバイオメカニクスのワークブック（問題集）である．

本ワークブックの使用にあたって，本書は，教科書の構成と内容に基づいて問題が作成されているため，教科書と合わせて使用されることを想定している．よって，オーソドックスに，教科書の各章を学生に教授した後，力試しで本ワークブックの問題を出題するのもよいだろう．また，反対に，本ワークブックを正読本とし，適宜，教科書を副読本的に用いてもよいかもしれない．実際，理論から教えるよりも具体的な問題を取り上げながら理論を教えるほうが，スポーツ経験の豊富な体育・スポーツ専攻の学生や専門学校生には，スポーツバイオメカニクスを楽しんで学んでもらえるだろう．解答に時間を要する作図問題などは，演習や実習科目でじっくり時間をかけて取り上げるのもよいだろう．こうしなければならないということはないので，学生の学習度に応じて試行錯誤しながら自由な発想で本書を使用してもらえればと思う．なお，各章のはじめには教科書の各章の要点をまとめ，また，巻末には選択式の「模擬試験問題」を用意したので，教科書の要点説明や試験問題の作成などにご活用いただければと思う．

本ワークブックの問題（とくに計算問題）の多くは，教科書の例題や復習問題と同様に，高校までに習った物理学（力学）や数学（三角法，ベクトルなど）の知識があれば，容易に解くことができると思われる．そのため，本書は，大学生や専門学校生だけでなく，将来，保健体育教師をはじめ，健康・スポーツ系の専門家を目指している高校生や，また，スポーツバイオメカニクスに興味を持ち，スポーツを理論的に学んで合理的に効率よく上達したい，スポーツに留まらず，日常の姿勢や動作を改善するヒントを得て活力を高めたい，さらに，資格取得やキャリアアップを目指し，スポーツバイオメカニクスを一から学び直したい，あるいは独学で学びたいと考えている一般（社会人）の方々にも幅広く使っていただける内容になっているものと信ずる．こうした方々にも，教科書と合わせて，本書を大いにご利用いただければ，著者として望外の喜びである．

本書の問題の作成にあたっては，著者が 20 年ほど前に，米国インディアナ大学において海外研修を行い，当時のバイオメカニクス研究室主任教授であった Jesús Dapena 博士（インディアナ大学名誉教授）の許可を得て，バイオメカニクス関連科目の授業を聴講させていただいた際の配布資料を参考にした．この場を借りて，Dapena 博士のご厚情に感謝を申し上げる．

また，本書の問題文や解答のチェックにあたり，仙台大学スポーツバイオメカニクス研究室に所属する著者の指導院生に加えて，筑波大学の藤井範久先生と電気通信大学の岡田英孝先生，そして各先生方の指導のもと，双方の大学のスポーツバイオメカニクス研究室に所属する院生と学部生の協力を得て，各問題について添削していただいた．この場を借りて，これらの方々に感謝を申し上げたい．なお，本書の内容に関する全責任は，著者が負うものである．

最後になるが，本書が，スポーツバイオメカニクスの基本問題集として，多くの学生（読者）に愛用され，有用であることを願っている．

さあ，「夢」に向かって，チャレンジしよう！

2020 年 2 月

著者　宮西 智久

目　次

まえがき …… iii

問題解答にあたっての注意事項 …… vi

第１章　スポーツバイオメカニクス序説 …… 1

第２章　力学と数学の基礎 …… 5

第３章　並進運動のキネマティクス …… 13

第４章　回転運動のキネマティクス …… 22

第５章　並進運動のキネティクス …… 29

第６章　回転運動のキネティクス …… 39

第７章　仕事，エネルギー，パワー …… 48

第８章　流体力：空気や水による力 …… 53

第９章　筋収縮の力学 …… 59

模擬試験問題 …… 65

画像を用いたヒトの身体重心の算出法 …… 72

● 問題解答にあたっての注意事項 ●

1. 本ワークブック（問題集）の問題は，「はじめて学ぶ健康・スポーツ科学シリーズ」の中の**『スポーツバイオメカニクス』**（化学同人）の内容に基づいて作成されているため，この教科書と合わせて使用すること．
2. 問題の用語や記号，要点内の図・表番号ほかは，教科書を参照すること．
3. 選択問題は，もっとも適切な解答番号に○を付けること．
4. 選択問題以外の記述問題や計算・作図問題の解答は，専用の**ノート**（ワークブックノート）または**方眼紙**を使用すること．
5. 方眼紙（原本）は，所定の用紙*を使用し，各自コピーを複数枚取って用いること．方眼紙の原本は使用しないこと．
6. 分度器の使用を求められる問題については，該当頁の問題の図を必要に応じて拡大コピーするなどして解答すること．
7. 計算問題においては，とくに指示しない限り，以下の事項に従うこと：
   - 電卓等を用いて計算された最終的な数字（解答値）は**0.2%の精度**（第 2 章「力学と数学の基礎」要点 2 2.1 参照）で，かつ**端数を四捨五入**して求めること．ただし，解答値が 0 の場合は 1 桁とする．
   - 重力加速度（g）は，**9.80** m/s^2 を用いること
   - 力学的パラメーターは，**SI 単位**（教科書 p.20：表 2.2 参照）を用いて解答すること．なお，問題文や図・表中の数字は，みやすさや字数削減等のため，0.2%の精度で表記していない．
8. 問題（とくに**回転運動**）は，**剛体リンクモデル**とみなされる**ヒトの身体運動**を念頭に考えること．
9. 巻末に三角関数表（p.77）を掲載してあるので必要に応じて参照すること．
10. ノート，筆記用具（鉛筆，消しゴムほか），関数電卓，定規，分度器をはじめ，その他解答に必要な用具は各自用意すること．

＊ 化学同人ホームページ　https//www.kagakudojin.co.jp/book/b492795.html

【問題の難易度】

問題の難易度は星印（★）の数で示され，数が多いほど難易度が高い．星印を付していない問題は基礎的問題である．

★　：計算問題または応用的な理論問題．
★★　：計算問題または応用的な理論問題．
★★★：計算問題．

第1章　スポーツバイオメカニクス序説

《要　点》

1. 名　称

・バイオメカニクス ➡ 生物力学

・スポーツバイオメカニクス ➡ スポーツ生体力学（広義：身体運動の力学，狭義：スポーツ力学）

2. 定　義

「スポーツの運動を対象として，**スポーツパフォーマンス（競技成績，成果，できばえ）の向上**と**傷害予防**に関するバイオメカニクス的知識を蓄積し発展させるために，ヒトの身体（用具含む）へ作用する力学的な力（外力および内力）が身体とその運動に及ぼす影響を研究する科学（学問）である」

3. 力学と下位領域

・**ニュートン力学**：物理学領域の一つで，その知識を基盤にしてバイオメカニクス研究は行われる．

英国の科学者**アイザック・ニュートン**（1642 ～ 1727 年）によって体系化された力学（決定論：絶対空間，絶対時間前提）．光速度ないしは光速度に近い運動は“**相対性理論**”，電子などの運動は“**量子力学**“が扱う．

・**力学モデル**：物体自体を数学的（数量的）に記述できるように簡単に表現したモデル．これには，大きく「**質点**」「**質点系**」「**剛体**」がある．

・**静力学**と**動力学**：動力学では下位領域として**キネマティクス**と**キネティクス**がある．

キネマティクス（運動学）：時間経過に伴う物体の運動の空間的な変化を扱い，運動を記述する．

キネティクス（運動力学）：運動が変化する原因を扱い，運動の因果関係（メカニズム）に着目する．

4. 歴　史

《起源》

・**萌芽期以前**：古代ギリシャ時代～中世ルネッサンス時代

（哲学者アリストテレス，芸術家・科学者レオナルド・ダ・ヴィンチ，解剖学者ボレリ他）

・**萌芽期**：**科学革命**（17 世紀）を経て**産業革命**（18 世紀）へ ➡ 科学的計測機器・装置の発明

（科学革命の先導者：コペルニクス，ガリレイ，デカルト，ニュートン他）

・**成長期**：映画カメラおよび力量計の発明（19 世紀～ 20 世紀初頭）：

＊**エドワード・マイブリッジ**（イギリス人，写真家）➡ 複数台のカメラによる競走馬の疾走動作の連続撮影に成功．その他ヒトや動物のさまざまな運動撮影．

＊エティエンヌ＝ジュール・マレー（フランス人，医工学者）➡ 1 台のカメラで連写可能な技術(シネマトグラフ)や力量計の開発(「**バイオメカニクス・映像解析法の祖**」)

・**発展期**：20 世紀初頭〜現在(研究者増，学会設立，計測機器の利便性・精度向上，PC 開発他)

《成立》

・**国際学会**：ユネスコ国際スポーツ・体育協議会のワーキンググループとして**バイオメカニクス研究集会**発足(1967 〜 1971 年，隔年開催) ➡ **国際バイオメカニクス学会**(1973 年〜，隔年開催)へ移行・設立，**国際スポーツバイオメカニクス学会**(1982 年〜，毎年開催)設立

・**日本の学会**：日本体育学会（1950 年設立）の分科会として**キネシオロジー研究会**発足(1957 年) ➡ **日本バイオメカニクス学会**(1978 年〜，隔年開催)へ移行・設立．その他の関連学会（人間工学，整形外科学，交通・宇宙生物工学，スポーツ工学，身体運動科学関係など）設立

5. 意　義

《目指すところ》スポーツの競技特性：全力を発揮し最大のパフォーマンスを引き出すことがねらい ➡ ヒトの身体器官を過大な力学的ストレス下にさらす，すなわち**パフォーマンス向上**と**傷害発生リスク**は表裏一体の関係（図 1.9） ➡ **傷害の発生リスクをできるだけ低く抑えてパフォーマンスを高める関係の究明と体系化**(学問的独自性)

《研究の視点》①スポーツ運動動作のメカニズム解明，②研究法の開発，③パフォーマンス向上，④傷害発生要因解明

《ハイパフォーマンス研究の意義：元気ピラミッド》

トップアスリート ➡ 身体の運動機能を極限まで適応させたアスリート ➡ スポーツの運動を**効果的・効率的かつ安全に実施するうえで手本となる人間** ➡ トップアスリートを対象に研究された知見は人類の財産，つまり一般のスポーツ愛好家のパフォーマンスや傷害予防のための知見・ヒントを提供 ➡ これらの知見やヒントは“**元気ピラミッド**”を具現化するための礎となるもの ➡ バイオメカニクスの観点からの**ハイパフォーマンス研究** ➡ **生活の質**(QOL)の向上，ひいては「**人類の福祉**」と「**幸福の増大**」に寄与(“**活力立国**”：図 1.10)する！

【問 1.1】 Sport Biomechanics は，スポーツバイオメカニクスとカタカナ表記で使われるが，バイオメカニクスを漢字で表記すると，以下のどれか．

[1] 生物力学　[2] 生体力学
[3] 力学　[4] 生態力学

【問 1.2】 スポーツバイオメカニクスは狭義には「身体運動の力学」と訳される．

[1] ○　[2] ×

【問 1.3】 スポーツバイオメカニクスは，「スポーツの運動を対象として，（ ① ）と（ ② ）に関するバイオメカニクス的知識を蓄積し（略）」と定義される．カッコ内の語彙として適切なものは以下のどれか．

[1] ①障害予防，②スポーツパフォーマンスの向上
[2] ①スポーツパフォーマンスの維持，②傷害予防
[3] ①スポーツパフォーマンスの向上，②傷害予防

[4] ①認知予防，②スポーツパフォーマンスの向上

【問 1.4】 人間工学の目的は以下のどれか．
[1] 義肢・義足の開発
[2] 労働環境の安全と開発
[3] 加速度の制御
[4] 運動改善・向上と安全

【問 1.5】 光速度や電子の運動ではない運動を対象とする物理学の領域は何か．
[1] 相対性理論　[2] 電磁気学
[3] ニュートン力学　[4] 量子力学

【問 1.6】「運動学」の英語表記は以下のどれか．
[1] kinesiology　[2] kinematics
[3] kinetics　[4] kinesics

【問 1.7】 キネティクスは運動原因を究明する領域である．
[1] ○　[2] ×

【問 1.8】 国際スポーツバイオメカニクス学会の標語は以下のどれか．
[1] Bridge the gear　[2] Bridge the tower
[3] Bridge the gap　[4] Bridge the gallop

【問 1.9】 キネシオロジー研究会から日本バイオメカニクス学会へ改名されたのは何年か．
[1] 1973 年　[2] 1976 年
[3] 1978 年　[4] 1979 年

【問 1.10】【1.9】において，学会名が改名された契機となったのは以下のどれか．
[1] キネシオロジーという用語が使用されなくなったから
[2] 研究方法・内容が研究会名（キネシオロジー)とミスマッチしていたから
[3] 他の学会名と差別化を図りたかったから
[4] 国際バイオメカニクス学会が設立されたから
[5] 上記のいずれでもなく，世界に先駆けてわが国が独自に改名した

【問 1.11】 西欧ルネサンス期（16 世紀）に生存し，天動説に対して地動説（地球が太陽を周回しているとした説)を支持し，「自然という書物は数学の言葉で書かれている」と名言を残した物理学者はだれか．「近代科学の祖」，「天文学の祖」と称されている．
[1] コペルニクス　[2] デカルト
[3] ガリレイ　[4] ニュートン

【問 1.12】 マイブリッジは，疾走中の馬の動作の何を観察しようとして映画カメラの開発に手掛けたか．
[1] 4 本脚の同時着地　[2] 4 本脚の同時離地
[3] 2 本脚の同時着地　[4] 2 本脚の同時離地

【問 1.13】 国際バイオメカニクス学会の最も権威のある賞を何と呼ぶか．
[1] マイレージ賞　[2] マレー賞
[3] マイブリッジ賞　[4] マイウェイ賞

【問 1.14】 スポーツバイオメカニクス研究の視点のうち，密接に関係しないものはどれか．
[1] メカニズム解明　[2] 傷害発生要因の解明
[3] 義肢・義足の開発
[4] パフォーマンス向上要因

【問 1.15】 スポーツバイオメカニクスの目指すものは何か．
[1] パフォーマンス向上と感覚機能の関係究明
[2] パフォーマンス向上と心肺機能の関係究明
[3] パフォーマンス向上と心身機能の関係究明
[4] パフォーマンス向上と傷害発生リスクの関係究明
[5] いずれも誤り

【問 1.16】 スポーツパフォーマンスを向上させ

るためには, 身体外部の物体(地球, 用具など)に対してできるだけ大きな力を発揮すればよい.

[1] ○　[2] ×

【問 1.17】 トップアスリートを対象とした研究の知見は, 以下のうち, どの過程を経て「健康の維持・増進」, ひいては「活力ある国づくり」に役立つか.

[1] 運動上手➡同能力向上➡同上手➡同継続
[2] 運動好き➡同上手➡同能力向上➡同継続
[3] 運動上手➡同好き➡同継続➡同能力向上
[4] 運動上手➡同継続➡同好き➡同能力向上
[5] 運動好き➡同継続➡同上手➡同能力向上

【問 1.18】 ハイパフォーマンス研究の意義は何か.

[1] 人類の福祉
[2] 国民の健康の保持・増進
[3] 競技力向上　[4] 幸福の増大
[5] 生活の質向上　[6] いずれも正解

【問 1.19】 ニュートン力学で扱う力を「力学的な力」と呼ぶとすれば, 以下のどれが「力学的な力」ではないか.

[1] 重力　[2] 流体力　[3] 摩擦力
[4] 地面反力　[5] 筋知覚力
[6] いずれも正解

【問 1.20】 机上を手のひらで押すよりも中指で押すほうが大きな力を発揮できる. (ヒント:「力学的な力」と「感覚的な力」)★

[1] ○　[2] ×

第2章　力学と数学の基礎

《要　点》

1. 力学の基礎

1.1 身体の力学モデル(表 2.1，図 2.1)

☞ バイオメカニクスでは，一般に，身体を「剛体系」(**剛体リンクモデル，リンクセグメントモデル**)と「質点」(**重心モデルまたは身体重心モデル**)とみなして分析することが多い．

1.2. 運動の形態(図 2.2)

並進運動：物体を構成する点のすべてが同じ時間内に同じ方向へ**平行移動する運動**（**直線運動**と**曲線運動**)．例，直線運動：まっすぐな道を走る車，スカイダイバー，疾走中のスプリンターの体幹部，曲線運動：投射体の重心の放物運動，泳者の手の動きなど

回転運動：**物体の向き(姿勢)が変化する運動**．例，プロペラ，車輪，扇風機の羽根，股関節点回りに回転する大腿の運動，投射体の重心回りの運動など

一般運動：**並進運動と回転運動からなる運動**

☞ バイオメカニクスで扱う身体運動は一般運動であり，それは並進運動と回転運動に分けられる．

1.3 運動の種類

等速度運動(等速直線運動)：時間経過に伴い速度が変化しない並進運動

加速度運動：時間経過に伴い速度が変化する並進運動

等加速度運動：時間経過に伴い加速度が変化しない並進運動．例，**自由落下運動**

☞ 回転運動においても，それぞれに対応して**等角速度運動**，**角加速度運動**，**等角加速度運動**などがある．

1.4 バイオメカニクスで扱う変量(変数)

並進運動と回転運動のそれぞれにおいて，**キネマティクス変量**と**キネティクス変量**がある(表 2.2)．キネティクス変量はキネマティクス変量に慣性量や時間(時刻)を乗じて求められることを理解しよう．

1.5 二次元運動と三次元運動

バイオメカニクスでは，身体運動を分析する場合，たとえば，走動作や体操選手の大車輪は二次元平面内の運動(**二次元運動**)とみなして分析を行うことが多い．投動作やバッティング動作など，ひねりが主体となる非対称運動の分析では**三次元運動**として扱う必要がある．三次元運動における身体平面：**前頭(額)面**，**矢状面**，**水平面**(図 2.3)

1.6 座標系：直交座標系と極座標系

物体（点）の運動を記述し分析するためには，**座標系**を導入し数値データ〔例，点Pの二次元座標値をP(x, y)〕として表す必要がある．**座標系**は**直交座標系**と**極座標系**があるが，通常，バイオメカニクスでは**右手系直交座標系**を用いる(図 2.4，図 2.5)．

2. 数学の基礎

2.1 数値的精度と有効数字

☞ 工学における数字の取り決め（**有効数字**）：0.2%の精度を保持する（ベア&ジョンストン，1988）．

最初の数字が 1 で始まる場合は **4 桁**，1 以外は **3 桁**で表記する．たとえば，以下の数字は，

36	0.96	1.23	8671	262.0	76.05	0.005234	10.054
36.0	0.960	1.230	8670	262	76.1	0.00523 (5.23×10^{-3})	10.05

と表される．なお，たとえば，0.96 の 0 や 0.005234 の 0.00 は位どりの 0 であるため，有効数字の桁数に数えない．

2.2 数値と単位の表記

文中において数字（数値）と単位（°，℃，%を除く）を続けて表記する場合，それらの間には**半角スペース**を入れて表記（Robertson, 2013）．例，20.4␣m/s，175.8␣N·m，286␣J，22.3°，24℃，60.0%

2.3 単位の換算

☆**速さ：時速**（[km/h]）⇄ **秒速**（[m/s]）

（☞ 時速から秒速への換算は時速 ÷ 3.6，秒速から時速への換算は秒速 × 3.6）

$$1\,\frac{[\mathrm{km}]}{[\mathrm{h}]} = \frac{1000\ [\mathrm{m}]}{3600\ [\mathrm{s}]} = \frac{1}{3.6}[\mathrm{m/s}] \qquad 1\ [\mathrm{m/s}] = 3.6\ [\mathrm{km/h}]$$

☆**角度：度**（[°]，[deg]）⇄ **ラジアン**（[rad]）

（☞ ラジアンから度への換算はラジアン × 57.3 [°]，
度からラジアンへの換算は
度 × 0.01745 [rad]）

$$360\ [°] = 2\pi\ [\mathrm{rad}] \Rightarrow 180\ [°] = \pi\ [\mathrm{rad}]$$

$$1\ [\mathrm{rad}] = \frac{180}{\pi} \fallingdotseq 57.3\ [°]$$

$$1\ [°] = \frac{\pi}{180} \fallingdotseq 0.01745\ [\mathrm{rad}]$$

図 A　角度とラジアンの関係

※π（パイ）= 3.14159… ⇒　2π ≒ 6.28　☞ 図 A 参照！

2.4 物理量：スカラー量とベクトル量

スカラー量：大きさのみをもつ物理量．例，気温 [℃]，面積 [m^2]，体積（[m^3]，[ℓ]），質量[kg]，仕事量[J]，エネルギー[J]，パワー[W]など

ベクトル量：大きさと方向をもつ物理量．位置[m]，速度[m/s]，加速度[m/s^2]，力[N]，運動量[kg・m/s]，力のモーメント[N・m]など

☞ バイオメカニクスで扱う各変数（表 2.2）は記号で標記されるが，これらの変数のうちベクトル量は**太字**で示したり，記号上に**矢印**(→)を付したりして明示する．

2.5 ベクトルの性質

☞
- **矢印**(➡)で表記することができる．矢印の“長さ”で「**大きさ**」を，その指し示す“向き”で「**方向**」を表す．
- 平面上や空間を「**平行移動**」することができる．ベクトルを平行移動する場合，その前後で矢印の長さと方向を変えなければ，同じベクトルとして扱うことができる．

2.6 ベクトルの大きさと単位ベクトル

さまざまな力学的計算を行うためには，ベクトル量を座標系の**各成分で表す**必要がある．また，座標系の各軸方向に向き，大きさが 1 のベクトルを「**単位ベクトル**」と呼び，座標変換をはじめさまざまな計算に用いられる（図 B）．単位ベクトルは，ベクトルの大きさ（$|\mathbf{u}|$）を求めた後，それぞれのベクトルの成分をその大きさで除すことにより求められる．たとえば，三次元の場合（慣用的に **i, j, k** を用いる）は，以下の式から求められる．

$$\text{X 成分}:\mathbf{i} = \frac{u_x}{|\mathbf{u}|},\quad \text{Y 成分}:\mathbf{j} = \frac{u_y}{|\mathbf{u}|},\quad \text{Z 成分}:\mathbf{k} = \frac{u_z}{|\mathbf{u}|}$$

ここで，

$$|\mathbf{u}| = \sqrt{u_x^{\,2}+u_y^{\,2}+u_z^{\,2}}$$

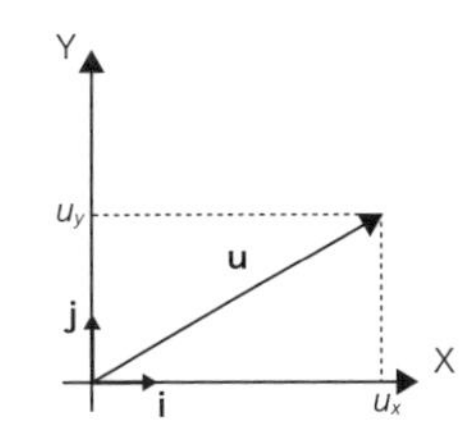

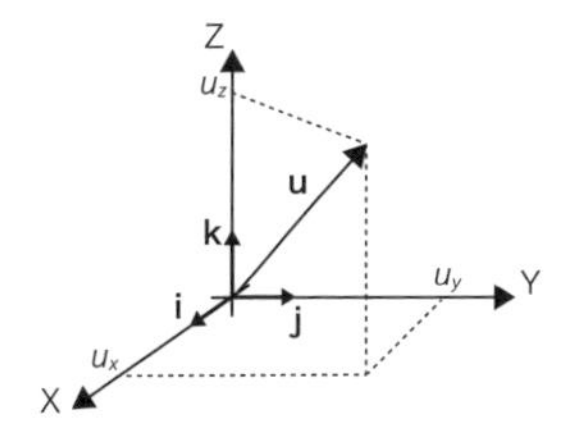

図 B（a）二次元座標系の単位ベクトル　（b）三次元座標系の単位ベクトル

2.7 三角関数

三角関数とは，**角の大きさ**と**線分の長さ**の関係を記述する関数である．

三角関数は，直角三角形を使って定義される．三角形の各辺の名称(図 C)は，

斜辺：直角の角と向き合う辺 AB

対辺(高さ)：角度 θ と対向する辺 BC

隣辺(底辺)：角度 θ の隣にある辺 AC

である．

三角関数(**正弦 sine 関数**, **余弦 cosine 関数**, **正接 tangent 関数**)の定義を，この辺の名称(長さ)を使って表すと，それぞれ以下の式となる(s：サイン，c：コサイン，t：タンジェントと覚えたことを思い出そう！)．計算の結果，角度 θ がおよそ何度となるかは巻末の**三角関数表**（p.77）から知ることができる．また，角度 θ を直接求めたい場合は，それぞれの関数の逆関数(下式)を計算することにより求められる．

$$\sin\theta = \frac{a}{c} = \frac{\text{対辺 BC の長さ}}{\text{斜辺 AB の長さ}},\quad \cos\theta = \frac{b}{c} = \frac{\text{隣辺 AC の長さ}}{\text{斜辺 AB の長さ}},$$

$$\tan\theta = \frac{a}{b} = \frac{\text{対辺 BC の長さ}}{\text{隣辺 AC の長さ}}$$

逆三角関数：

$$\theta = \sin^{-1}\left(\frac{a}{c}\right)$$

$$\theta = \cos^{-1}\left(\frac{b}{c}\right)$$

$$\theta = \tan^{-1}\left(\frac{a}{b}\right)$$

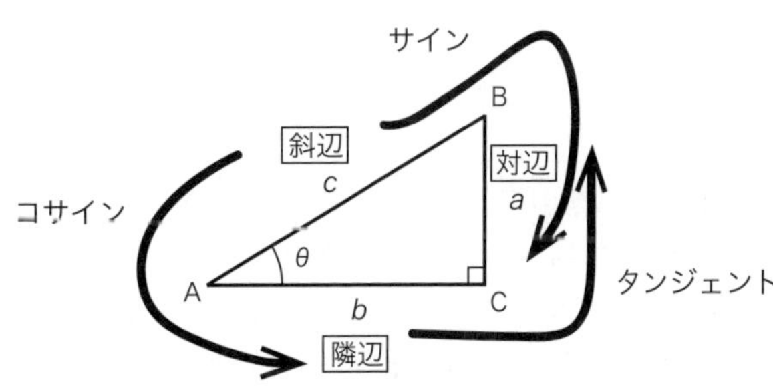

図 C　三角関数と三平方（ピタゴラス）の定理

2.8 三平方(ピタゴラス)の定理

直角三角形の辺の長さは，以下の式の関係がある．これを**三平方(ピタゴラス)の定理**と呼ぶ(図C：p.7)．

$$c^2 = a^2 + b^2$$

これを変形すると，

$$c = \sqrt{a^2+b^2}, \quad a = \sqrt{c^2-b^2}, \quad b = \sqrt{c^2-a^2}$$

2.9 二つのベクトルのなす角：ベクトルの内積

ベクトルを平行移動し，一方のベクトルの始点を他方のベクトルの始点に重ねた場合に二つのベクトルで作られる角度(ただし180°以下)を，**二つのベクトルのなす角**という(図D)．二つのベクトルのなす角の**余弦**(斜辺と隣辺の比：コサイン)の値は，**ベクトルの内積**の定義により，以下の式となる．

二次元の場合：

$\mathbf{u} = (u_x, u_y)$，$\mathbf{v} = (v_x, v_y)$ とし，**u** ベクトルと **v** ベクトルのなす角を θ ($0° \leqq \theta \leqq 180°$) とすると，

$$\cos\theta = \frac{\mathbf{u}\cdot\mathbf{v}}{|\mathbf{u}||\mathbf{v}|} = \frac{u_x v_x + u_y v_y}{\sqrt{u_x^2+u_y^2}\sqrt{v_x^2+v_y^2}}$$

三次元の場合：

$\mathbf{u} = (u_x, u_y, u_z)$，$\mathbf{v} = (v_x, v_y, v_z)$ とし，**u** ベクトルと **v** ベクトルのなす角を θ ($0° \leqq \theta \leqq 180°$) とすると，

$$\cos\theta = \frac{\mathbf{u}\cdot\mathbf{v}}{|\mathbf{u}||\mathbf{v}|} = \frac{u_x v_x + u_y v_y + u_z v_z}{\sqrt{u_x^2+u_y^2+u_z^2}\sqrt{v_x^2+v_y^2+v_z^2}}$$

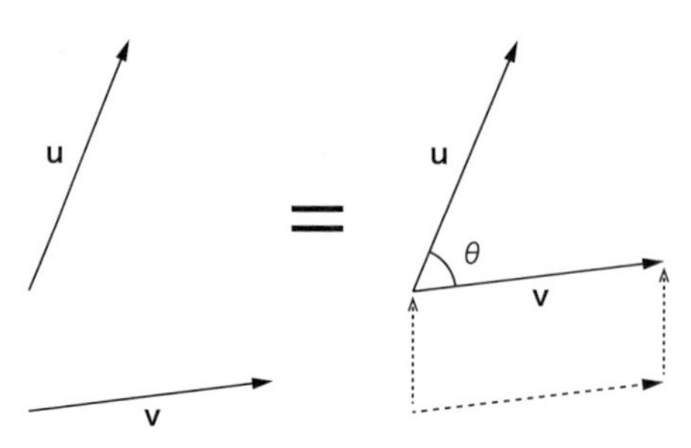

図D　二つのベクトルの平行移動となす角

※その他のベクトル・行列の四則演算，微分・積分ほかは教科書参照．

【問 2.1】 力士白鵬の取り組みで，白鵬は腰を低くした姿勢で相手に当たり，そのまま一気に相手を土俵の外へ押し出した．これをみて，相撲の解説者が「これぞ横綱相撲である」と講評した．このとき相撲の解説者は白鵬の動きを，どの力学モデルに見立てているか．★

[1] 質点系モデル　[2] 剛体リンクモデル

[3] 重心モデル　[4] 筋骨格モデル

【問 2.2】 以下の説明はそれぞれ異なる力学モデルを述べたものである．それぞれどの力学モデルの説明か．★

[1] 大きさがなく，質量をもつ物体

[2] 複数の点が影響を及ぼし合い，相対位置を

変える物体
[3] 複数の点が相対位置を変えない物体
[4] 複数の物体が影響を及ぼし合い，相対位置を変える物体

【問 2.3】 スカイダイバーの落下運動の運動形態は以下のどれか．また，その運動形態と同様な例をいくつかあげよ．
[1] 回転運動　[2] 並進直線運動
[3] 並進曲線運動　[4] 一般運動

【問 2.4】 フライングカーペット（遊園地の乗り物の一つ，細長いゴンドラが水平のまま，振り子運動で回転をする乗り物）の運動形態は以下のどれか．また，その運動形態と同様な例をいくつかあげよ．
[1] 回転運動　[2] 並進直線運動
[3] 並進曲線運動　[4] 一般運動

【問 2.5】 金づちを投げたとき，金づちは放物線を描いて空中を飛んでいくが，この金づち全体の運動形態は以下のどれか．
[1] 回転運動　[2] 並進直線運動
[3] 並進曲線運動　[4] 一般運動

【問 2.6】 身体運動の運動形態は何か．
[1] 回転運動　[2] 並進直線運動
[3] 並進曲線運動　[4] 一般運動

【問 2.7】 5.0 m/s の速度で移動し続けている物体の運動の種類は以下のどれか．
[1] 加速度運動　[2] 等速度運動
[3] 等加速度運動　[4] 等速回転運動

【問 2.8】 自由落下運動は以下のどの種類の運動か．
[1] 加速度運動　[2] 等速度運動
[3] 等加速度運動　[4] 等速回転運動

【問 2.9】 身体運動は加速度運動である．
[1] ○　[2] ×

【問 2.10】 物体の運動を記述し分析するためには座標系を用いるが，バイオメカニクスでは一般に以下のどの座標系を用いるか．
[1] 左手系直交座標系　[2] 極座標系
[3] 右手系直交座標系　[4] 非直交座標系

【問 2.11】 以下の数字において，0.2％の精度を保持していないものは，正しく表記せよ．★
78　0.345　4862　1　40.25　124.52

【問 2.12】 以下の計算を行い，0.2％の精度で答えよ．★
1/6　1.20＋58.02　1/8　12/11　2.5×5.3　6/7

【問 2.13】 度数法と弧度法の違いを述べよ．★

【問 2.14】 円 1 周の角度（1 回転）は何度（°）か．

【問 2.15】 1 回転は何ラジアンか．小数点以下 3 桁を四捨五入せよ．

【問 2.16】 1 ラジアンは何度か．小数点以下 2 桁を四捨五入せよ．

【問 2.17】 以下の速さにおいて，m/s は km/h へ，km/h は m/s へ換算しなさい．★
5 [m/s]　10 [m/s]　20 [m/s]　30 [m/s]
40 [m/s]　6 [km/h]　10 [km/h]
15 [km/h]　100 [km/h]　150 [km/h]

【問 2.18】 世界最速スプリンターのウサイン・ボルト選手の瞬間最高速度は 12.35 m/s であった．これは何 km/h か．★

【問 2.19】 以下の角度において，度（[°]）はラジアン（[rad]）へ，ラジアンは度へ換算しなさい．★

10 [°]　76 [°]　465 [°]　720 [°]　2200 [°]
6560 [°]　5 [rad]　8 [rad]　14 [rad]
25 [rad]　43 [rad]

【問 2.20】 以下のうち，SI 単位ではないものはどれか．

[1] m^2　[2] kg　[3] m/s　[4] cm

【問 2.21】 以下のうち，組立単位はどれか．

[1] s　[2] N　[3] kg　[4] m

【問 2.22】 質量はベクトル量である．

[1] ○　[2] ×

【問 2.23】 運動量はスカラー量である．

[1] ○　[2] ×

【問 2.24】 力はベクトル量である．

[1] ○　[2] ×

【問 2.25】 力学的エネルギーはベクトル量である．

[1] ○　[2] ×

【問 2.26】 スカラー量とベクトル量である物理量をそれぞれいくつかあげよ．

【問 2.27】 ベクトルのもつ性質のうち，以下のどれが誤りか．

[1] 平面上を平行移動できない
[2] 変数の記号は太くして表記する
[3] 矢印で表すことができる
[4] 矢印の長さは強さを意味する
[5] [1]と[3]
[6] [1]と[4]

【問 2.28】 大きさが 1 のベクトルを「単一ベクトル」と呼ぶ．

[1] ○　[2] ×

【問 2.29】 直角三角形において，cos θ を求めるための説明として正しいものはどれか．

[1] 対辺の長さを隣辺の長さで割る
[2] 隣辺の長さを斜辺の長さで割る
[3] 対辺の長さを斜辺の長さで割る

【問 2.30】 図の直角三角形において，三平方(ピタゴラス)の定理を示した関係式はどれか．

[1] $b^2 = a^2 + c^2$
[2] $a^2 = b^2 + c^2$
[3] $c^2 = a^2 + b^2$

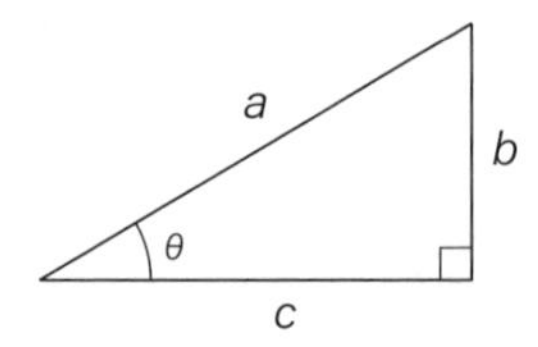

【問 2.31】 二次元ベクトルを **a** (6, 4) とする．これと同じ向きの単位ベクトルを求めよ．★

【問 2.32】 三次元ベクトルを **a** (6, −1, 3) とする．これと同じ向きの単位ベクトルを求めよ．

【問 2.33】 三角形の内角の和 $(a+b+c)$ は何度か．以下から選べ．

[1] 120°
[2] 150°
[3] 180°
[4] 210°

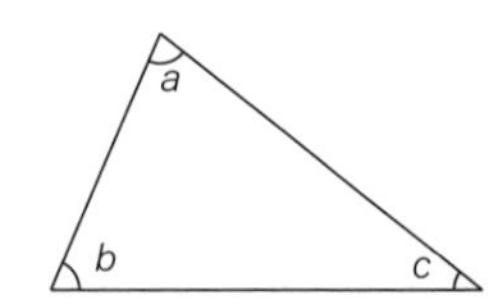

【問 2.34】 直角三角形の b，c の長さを求めよ．★

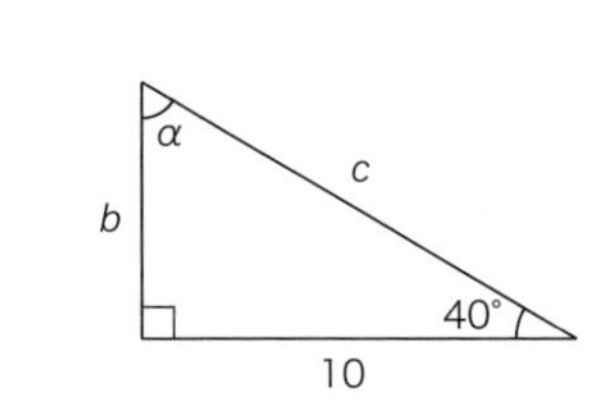

【問 2.35】 直角三角形の a，b の長さを求めよ．★

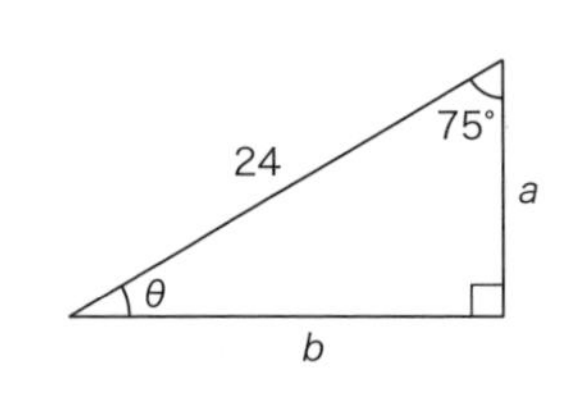

【問 2.36】 直角三角形の a, c の長さを求めよ. ★

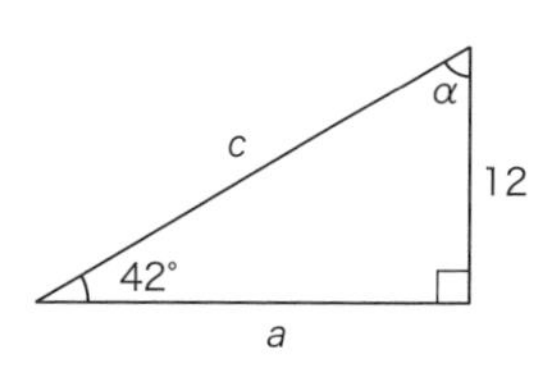

【問 2.37】 直角三角形の a, c の長さを求めよ. ★

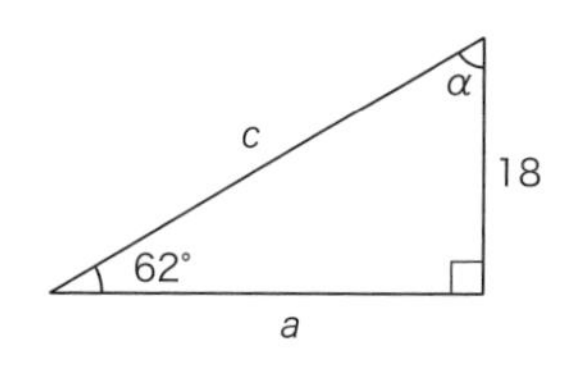

【問 2.38】 直角三角形の α, θ の角度を求めよ. ★

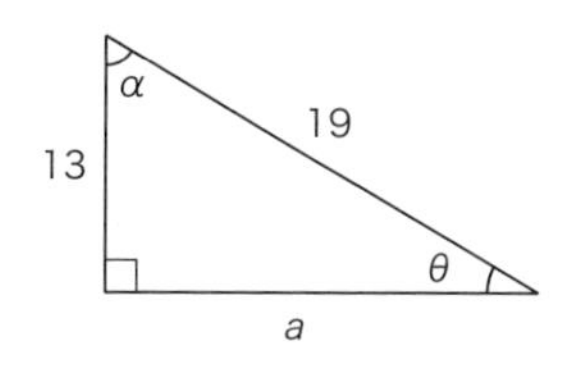

【問 2.39】 直角三角形の α, θ の角度を求めよ. ★

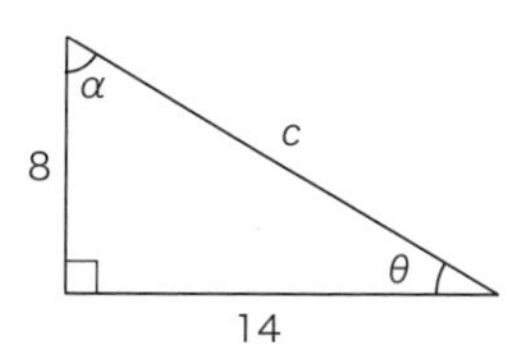

【問 2.40】 直角三角形の α, θ の角度を求めよ. ★

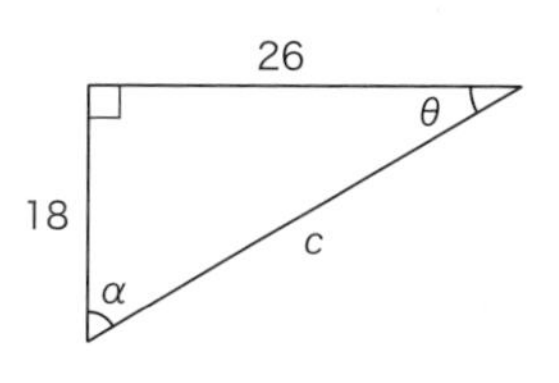

【問 2.41】 直角三角形の a, b の長さを求めよ. ★

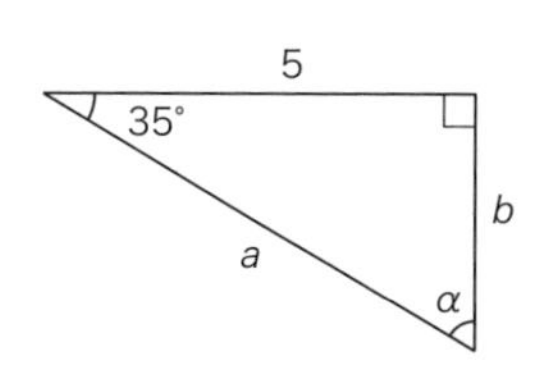

【問 2.42】 直角三角形の a, c の長さを求めよ. ★

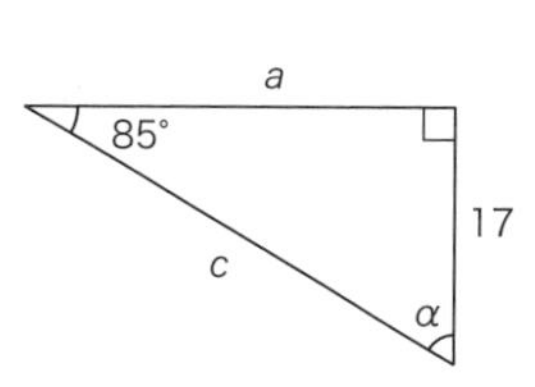

【問 2.43】 図に示すように, 物体が点 A (3, 2) から点 B (5, 2) へ移動した. 位置の変化 (変位) はいくらか (何単位か).

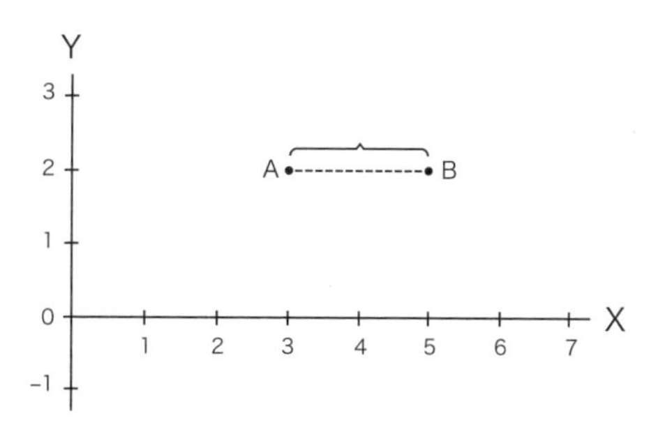

【問 2.44】 図に示すように, 物体が点 A (3, 2) から点 B (3, −4) へ移動した. 位置の変化はいくらか (何単位か).

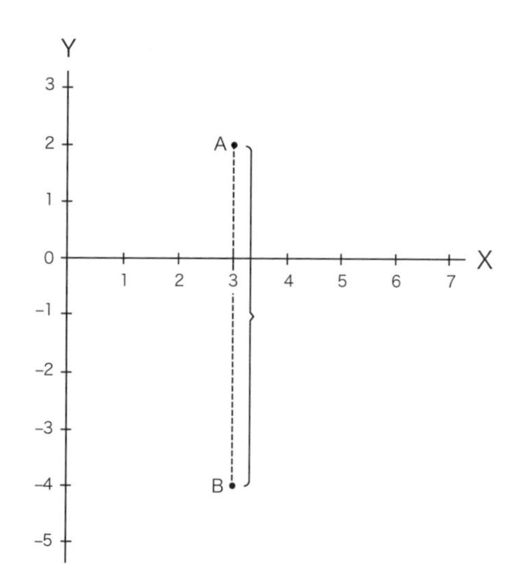

【問 2.45】 図に示すように, 物体が点 A (2, 2) から点 B (7, 6) へ移動した距離は何単位か. (ヒント：ピタゴラスの定理) ★

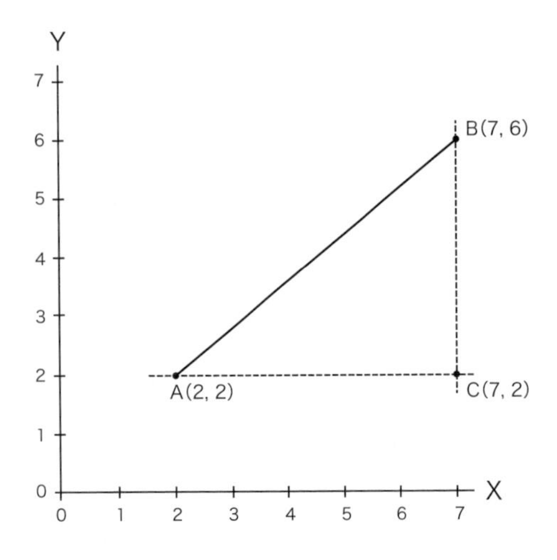

【問 2.46】 図に示すように，点 A から点 B までと点 E から点 F までの距離はそれぞれ何単位か．また，α，β，γ，δ の角度を求めよ．★

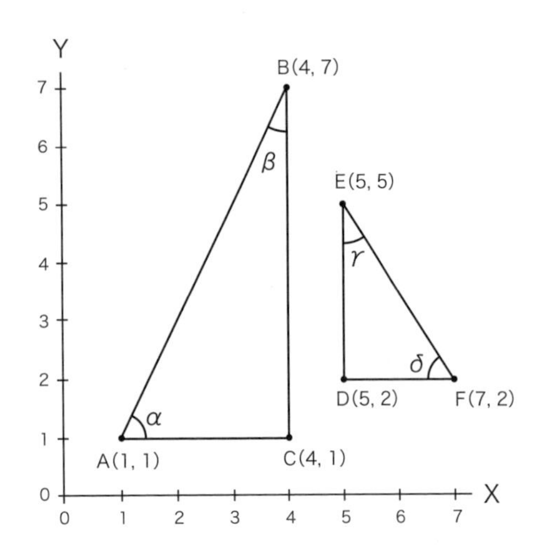

【問 2.47】 斜辺が 7.43 m，対辺が 3.55 m の直角三角形の二つの鋭角を求めよ．★

【問 2.48】 斜辺が 14.86 m，斜辺と隣辺のなす角度が 31° の直角三角形の隣辺と対辺の長さを求めよ．★

【問 2.49】 対辺が 4.28 m，斜辺と隣辺のなす角度が 31° の直角三角形の斜辺と隣辺の長さを求めよ．★

【文献】

ベアー，F.P. & ジョンストン，E.R.，長谷川節 訳，『工学のための力学(上)』，ブレイン図書出版(1988).

Robertson, D.G.E., “Introduction to Biomechanics for Human Motion Analysis (3rd Ed.),” Waterloo Biomechanics (2013).

第3章　並進運動のキネマティクス

《要　点》

1. 並進運動のキネマティクスとは

時間経過に伴う物体の並進運動の変化を扱い，その運動を記述する領域．並進運動の原因を追究しない．

2. 並進運動のキネマティクス変量

位置の記述方法：右手系の座標系(主に二次元または三次元直交座標系)導入．右方向および上方向を**正(＋)**とし，左方向および下方向を**負(－)**とする(図 3.1)．

☞ バイオメカニクスで扱う変量はグラフ(座標系)の横軸を**時間**，縦軸を**力学変量**として表すことが多いため，主にグラフの**第 1 象限**と**第 4 象限**を使用する．

① **位置(変位)**(記号:s, d, h, l, r, x, y, z など)[単位:m]:物体のある場所. 座標系の点(例, P点)として表す．二次元の場合は P(x, y)，三次元の場合は P(x, y, z)

変位は位置の変化（**Δ：デルタ**）．時刻 t_1 から t_2 までの二次元座標系上における P 点の位置の変化を P(Δx, Δy) = ($x_2 - x_1$, $y_2 - y_1$)と表す(図 3.2)．

② **速度(v)**[m/s]：単位時間あたりの位置の変化．例，二次元の場合，v_{p}($\Delta x/\Delta t$, $\Delta y/\Delta t$)

平均速度は時間間隔が比較的長い場合の速度で，v-t 図は**凹凸状のパターン**，**瞬間速度**は時間間隔がきわめて短い場合の速度で，v-t 図は**曲線状の滑らかなパターン**となる(図 3.4)．

③ **加速度(a)**[m/s^2]:単位時間あたりの速度の変化．例, 二次元の場合, a_{p}($\Delta v_x/\Delta t$, $\Delta v_y/\Delta t$)

平均加速度は時間間隔が比較的長い場合の加速度で，a-t 図は**凹凸状のパターン**，**瞬間加速度**は時間間隔がきわめて短い場合の加速度で，a-t 図は**曲線状の滑らかなパターン**となる(図 3.4)．

☞ 速度は位置の **1 階微分値**($\mathrm{d}x/\mathrm{d}t$, $\mathrm{d}y/\mathrm{d}t$)，加速度は位置の **2 階微分値**($\mathrm{d}^2x/\mathrm{d}t^2$, $\mathrm{d}^2y/\mathrm{d}t^2$)

3. 加速度の正負

点の速度が 2 時刻間(時刻 t_1 から t_2 まで)で増大すれば正, 減少すれば負の加速度(図 3.5)．2 時刻間の点の速度の変化の状態によって，加速度が正・負となるケースはそれぞれ三つ(図 3.6)．

☞ 加速度の算出式〔式(3.7)〕の分子に 2 時刻の速度値(v_1, v_2)を代入すれば，加速度の正・負が簡単にわかる．

4. 等速度運動，等加速度運動

4.1 **等速度運動**：時間経過に伴い速度が変化しない運動 (v = 一定)．速度はベクトル量であるため, 大きさも方向も変化しない．つまり, **等速度運動**と**等速直線運動**は同義語である．

物体の位置の算出式：$x = x_0 + vt$　　式(3.10)

4.2 **等加速度運動**：時間経過に伴い加速度が変化しない運動(a = 一定)

物体の速度の算出式：$v = v_0 + at$　　式(3.11)

物体の位置の算出式：$x = x_0 + v_0 t + \frac{1}{2} a t^2$　　式(3.12)

☞ **自由落下運動**：加速度が 9.80 m/s^2（g：**重力加速度**と呼ぶ）で一定の運動を指す．鉛直方向を座標系の Y 軸方向とし，上方を正とすると，物体の位置と速度の変化式は以下となる．

物体の鉛直速度の算出式：$v_y = y_{y0} - gt$　　式(3.13)

物体の鉛直位置の算出式：$y = y_0 + v_{y0} t - \frac{1}{2} g t^2$　　式(3.14)

5. 放物運動：投射体の運動

左右対称の放物線を描く運動．ただし，空気抵抗を無視する．

水平方向(X 軸方向)の運動は**等速度運動**(v = 一定)，鉛直方向(Y 軸方向)の運動は**等加速度運動**（a = 一定 = $-g$ = -9.80 [m/s^2]：**自由落下運動**）を行うことに着目しよう．そうすると，上記の式(3.10)，(3.13)，(3.14)を利用し，投射体の滞空時間，最大高到達時間，水平到達距離(蹴った距離)などを求めることができる(例題 3.3，図 3.8)．

☞ 投射体の運動の式は，サッカーのキックしたボール，砲丸投げ，野球のボール投げ，ゴルフボールなどの投てき物の重心の放物運動はもちろんのこと，走り幅跳びや走り高跳び，飛び込みなど，われわれが自らの身体を空中に投射する場合(身体重心の放物運動)にも応用できる！

【問 3.1】 光の速さは秒速約 30 万 km である．地球上から月に向けてライトを照らすと，その光は何秒で月まで届くか．なお，地球から月までの距離は約 384,000 km である．★

【問 3.2】 地球上から太陽に向けてライトを照らすと，その光は約 8 分 20 秒で太陽まで届く．地球から太陽までの距離は何 km か．★

【問 3.3】 短距離競技 100 m 走をウサイン・ボルト選手は 9.58 秒で走った．ボルト選手の平均走スピードはいくらか．★

【問 3.4】 時速 100 km で走ることのできるチーターの走スピードは秒速に換算すると何 m/s となるか．また，100 m を走る時間は何秒か．【問 3.3】のボルト選手の記録(時間)と比較しなさい．★

【問 3.5】 マラソンランナーが 42.195 km を 2 時間 5 分 50 秒で走った(現日本記録保持者)．ランナーの平均走スピードはいくらか．★

【問 3.6】 マッハ 1 で飛んでいる戦闘機は 1 時間で何 km 進むか．なお，マッハ 1 は秒速 340 m である．★

【問 3.7】 秒速 69.4 m で走行（等速度運動）している新幹線こまちに乗っているヒトは 2 時間で何 km 進むか．★

【問 3.8】 並進運動のキネマティクスは，並進運動を記述するとともに，その原因を究明する領域である．

[1] ○　[2] ×

【問 3.9】 力学変量をグラフに描く場合，バイオメカニクスで扱う変量は主にグラフの第何象限を使用するか．★

[1] 第 1 と第 2 象限　[2] 第 1 と第 3 象限
[3] 第 1 と第 4 象限　[4] 第 2 と第 3 象限
[5] 第 2 と第 4 象限　[6] 第 3 と第 4 象限

【問 3.10】一次元運動(座標系)において，任意に定めた原点にある物体が右方向へ動けば，その位置の符号は以下のどれか．

[1] 正　[2] 負　[3] ゼロ

【問 3.11】あなたの位置が正から負の値へ変化している．これは，以下の何を意味するか．

[1] 速度が減速する　[2] 加速度が負である
[3] 速度が正である　[4] 速度が負である
[5] 加速度が一定である
[6] 加速度がゼロである

【問 3.12】速度の定義は以下のどれか．

[1] 加速度の変化率　[2] 角変位の変化率
[3] 速度の変化率　[4] 位置の変化率

【問 3.13】毎秒同じ割合で位置が変化する運動を(　　)運動と呼ぶ．

[1] 加速度　[2] 等加速度　[3] 等速度

【問 3.14】以下のどれが正しいか．

[1] 位置が一定なら，速度はゼロである
[2] 速度が一定なら，加速度は一定の割合で変化する
[3] 加速度が一定なら，速度も一定である

【問 3.15】速度－時間図(v-t 図)において，等加速度運動を示したパターンはどれか．

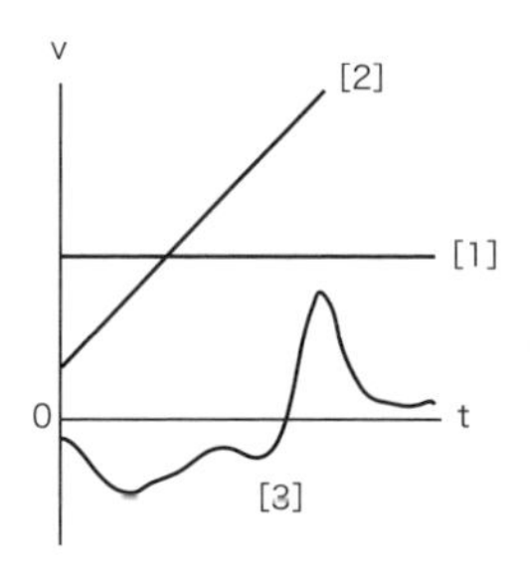

【問 3.16】右手系の座標系において，あなたからみて左方向へ走っている走者の速度は正である．

[1] ○　[2] ×

【問 3.17】20 m往復走(シャトルラン)において，正の方向が最初に 20 m を走る方向であるとする．3 回目(60 m)のターンをするために走者が減速しているとき，走者の加速度の符号は以下のどれか．★

[1] 正　[2] 負　[3] 一定　[4] ゼロ

【問 3.18】100 m 走において，60 m から 70 m 区間の走者の通過時間が 1.2 秒であった．走者の速度の符号は何か．また，この区間の平均速度を求めよ．速度は m/s と km/h で答えよ．★

【問 3.19】加速度の定義は以下のどれか．

[1] 角加速度の変化率　[2] 変位の変化率
[3] 力の変化率　[4] 速度の変化率

【問 3.20】100 m 競泳において，泳者の 40 m の通過時刻の瞬間速度が 2.1 m/s であった．次の 48 m の通過時刻の瞬間速度が 0.8 m/s となった．この区間の平均加速度の符号は以下のどれか．★

[1] 正　[2] 負　[3] 一定　[4] ゼロ

【問 3.21】100 m 競泳において，その中間地点つまり 50 m 先の壁にタッチする 1 秒前，泳者の速度が 2.40 m/s であった．壁をタッチ後，2 秒で泳者の速度は –3.35 m/s となった．この区間の泳者の平均加速度を求めよ．★

【問 3.22】ライアン投手が時速 162 km の速度で直球を捕手に向けて投げた．ボールがホームベースを通過する時間を求めよ．なお，ボールを投げ出した位置からホームベースまでの距離は 17.5 m とし，空気抵抗を無視する．★

【問 3.23】桑田投手が捕手に向けてカーブボールを投げた．ボールが投げ出されてから，ホー

ムベースを通過するまでの時間を測ったら，0.47 秒であった．この投手が投げ出した速度を求めよ．なお，ボールを投げ出した位置からホームベースまでの距離は 17.8 m とし，空気抵抗を無視する．★

【問 3.24】 野球の走者が盗塁を行った．走者が一塁ベースからリードして二塁ベースに到達する時間を測ったら 3.32 秒であった．一方，投手がクイックモーションでボールを投げてから捕手がそのボールを捕球して送球するまでの時間を測ったら 2.12 秒，ボールの水平速度が 35.6 m/s であった．捕手がボールを投げ出した位置から二塁ベースまでの距離は 39.3 m である．時間的には走者はセーフになるか，アウトになるか．ただし，空気抵抗は無視する．★★

【問 3.25】 下の二つのグラフは何を意味しているか．

[1] 左は平均速度－時間図，右は瞬間速度－時間図
[2] 左は瞬間速度－時間図，右は平均速度－時間図
[3] 左は平均加速度－時間図，右は瞬間加速度－時間図
[4] 左は瞬間加速度－時間図，右は平均加速度－時間図

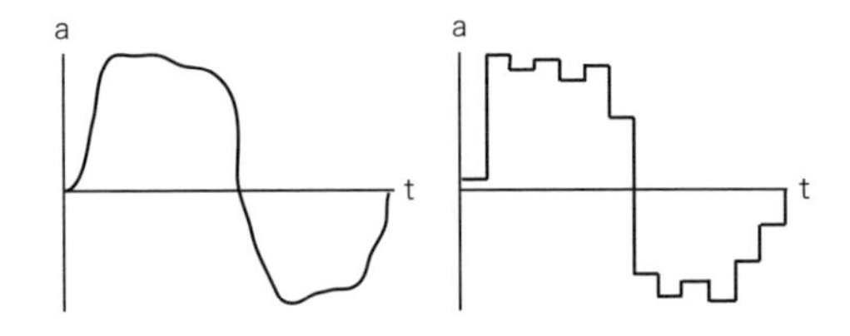

【問 3.26】 速度－時間図の曲線の傾きは何を意味するか．

[1] 速度　[2] 位置　[3] 加速度　[4] 力

【問 3.27】 ボールを真上に投げ上げた．ボールの速度－時間図（*v-t* 図）は以下のどれか．ただし，鉛直上方を正とし，空気抵抗を無視する．

[1]　[2]　[3]　[4]　[5]

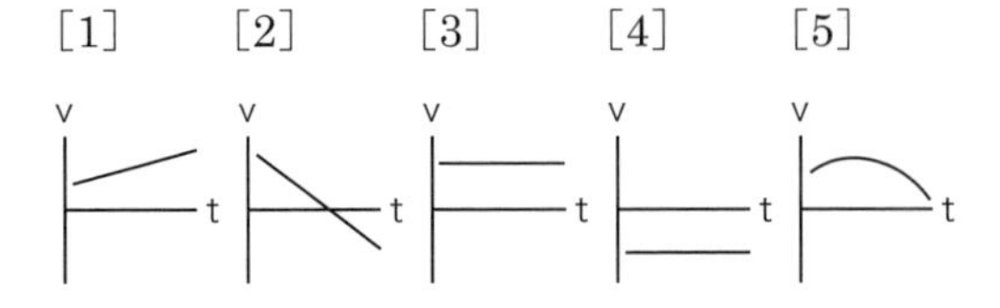

【問 3.28】 自由落下運動は，以下のどの状態を指すか．

[1] 速度がゼロ　[2] 加速度がゼロ
[3] 速度が一定　[4] 加速度が一定

【問 3.29】 加速度の単位は以下のどれか．

[1] m　[2] m/s　[3] s　[4] m/s^2

【問 3.30】 あなたからみて右方向から左方向（負方向）へ一定の割合で速度が増加しているスプリンターの加速度－時間図（*a-t* 図）は以下のどれか．

[1]　[2]　[3]　[4]　[5]

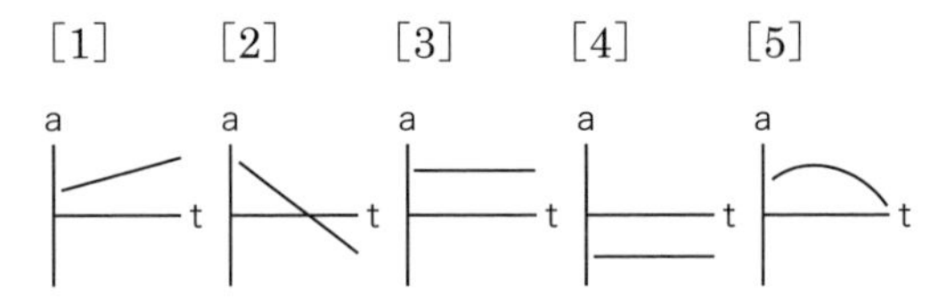

【問 3.31】 時速 200 km/h で等速度運動をしている東北新幹線やまびこの加速度は以下のどれか．

[1] 正　[2] 負　[3] 一定　[4] ゼロ

【問 3.32】 800 m 競泳（公認 50 m プール使用）において，正の方向が最初に 50 m を泳ぐ方向であるとする．2 回目（100 m）のターンをするために泳者が減速しているとき，泳者の加速度の符号は以下のどれか．★

[1] 正　[2] 負　[3] 一定　[4] ゼロ

【問 3.33】 式 (3.11) と (3.12) から，速度と変位を関係づける式を導き出しなさい．（ヒント：式から *t* を消去）★★

【問 3.34】 速度の変化が同じ割合でない運動を

(　　)運動と呼ぶ.

[1] 加速度　　[2] 等速度　[3] 等加速度

【問 3.35】 図は上からある物体の時間経過に伴う位置，速度，加速度の変化を示したものである．これは何の運動を表したものか．なお，位置－時間図（x-t 図）の縦軸は水平方向であり，右向きを正として示したものである．★

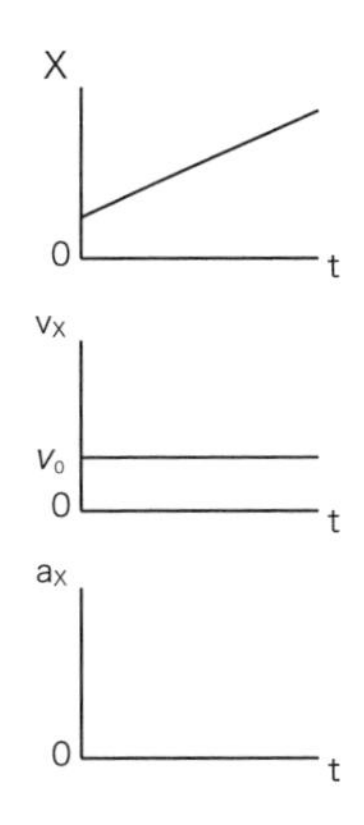

【問 3.36】 図は上からある物体の時間経過に伴う位置，速度，加速度の変化を示したものである．これは何の運動を表したものか．また，自然界におけるこの運動例を一つあげよ．なお，位置－時間図（y-t 図）の縦軸は鉛直方向であり，上向きを正として示したものである．★

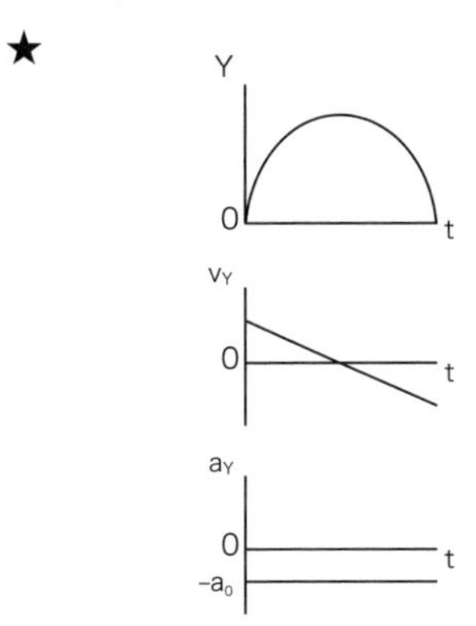

【問 3.37】【問 3.35】の物体の水平（X 軸）方向の運動と【問 3.36】の鉛直（Y 軸）方向の運動を合成した運動はどのような運動か．また，その運動の場合，加速度 $-a_0$ は何を意味するか．★★

【問 3.38】 2 人の射撃選手がいる．選手 A はライフル銃を地面に対して水平に保ち弾丸を撃った．ライフル銃の高さは 1.5 m，弾丸の水平方向の初速度は v_{x0} = 530 [m/s]，鉛直方向の初速度は v_{y0} = 0 [m/s] であった．一方，選手 B は帽子の上に置いた弾薬筒をアクシデントにより落とし，その中に込めていた弾丸が 1.6 m の高さから水平および鉛直速度がいずれも 0 m/s の速度で落ちた．空気抵抗を無視すると，どちらの射撃選手の弾丸が地面に早く到達するか．★★

【問 3.39】 速さ v_1 = 12 [m/s] で右向きに動いている電車の中で，ヒトがトイレのために座席を離れて右向きに速さ v_2 = 2 [m/s] で歩いている(図)．電車の外にいるあなたからみてこのヒトの速度(速さと移動方向)を求めよ．また，ヒトがトイレから座席へ戻るときの速さが v_2 = –1.5 [m/s] であった．あなたからみてこのヒトの速度(速さと移動方向)を求めよ．(ヒント：ベクトルの性質と加法)★

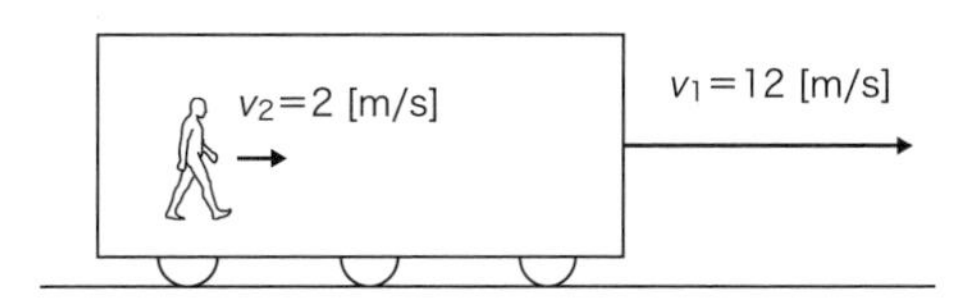

【問 3.40】 速さ v_1 = 12 [m/s] で上向きに動いているエレベータの中で，ヒトが右向きに速さ v_2 = 2 [m/s] で歩いている（図）．エレベータの外にいるあなたからみてこのヒトの速度（速さと移動方向）を求めよ．(ヒント：

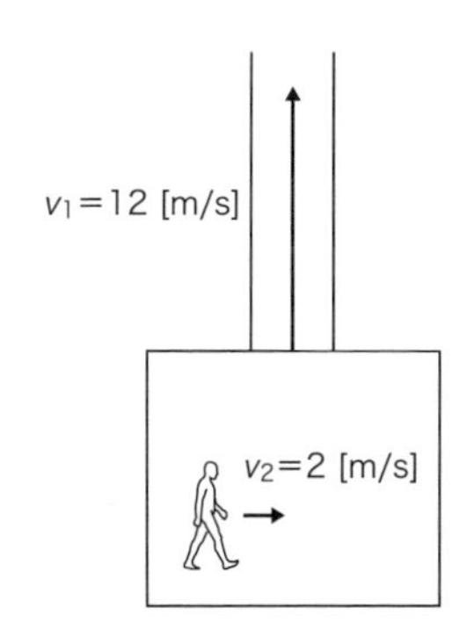

ベクトルの性質と加法，平行四辺形の規則，三角関数）★

【問 3.41】ソフトボール選手がボールを初速度 14.33 m/s，水平面に対する投射角 24° で投げ出した．ボールの初速度の水平成分と鉛直成分を求めよ．★

【問 3.42】やり投げ選手がやりを水平速度 28.20 m/s，鉛直速度 17.36 m/s で投げ出した．やりの投射角を求めよ．★

【問 3.43】バスが 16.5 m/s の速度で右方向（前方とする）へ移動している．あなたはバスの中にいて，左座席から右座席へ 2.5 m/s の速度で移動している．道路に対するあなたの速度（速さと移動方向）を求めよ．★

【問 3.44】流れの速さが $v_1 = 3$ [m/s] の川を，岸と直角の方向に速さ $v_2 = 2$ [m/s] で川を泳いでいるヒト（泳者）がいる（図）．川幅が 100 m として以下の問題に答えよ．★

① 泳者の岸に対する速さを求めよ．★
② 泳者が泳いでいる方向を求めよ（此岸（しがん）を基準線とする）．★
③ 泳者が川を渡るのに要する時間を求めよ．★
④ 川を渡る間にこの泳者は何 m 下流に流されるか．★

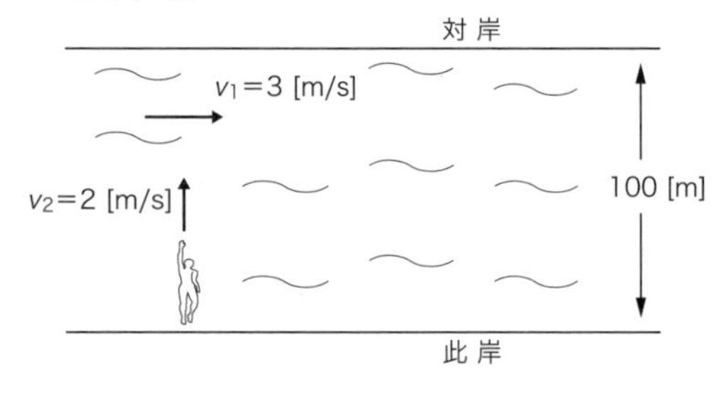

【問 3.45】走り高跳び選手の左大腿長を求めよ（図）．左股関節点の座標値（左側の●）は (2.9, 6.0)，左膝関節点の座標値（右側の●）は (5.1, 5.2) である．なお，1 単位の長さ（スケール）は 0.21 m とする．★

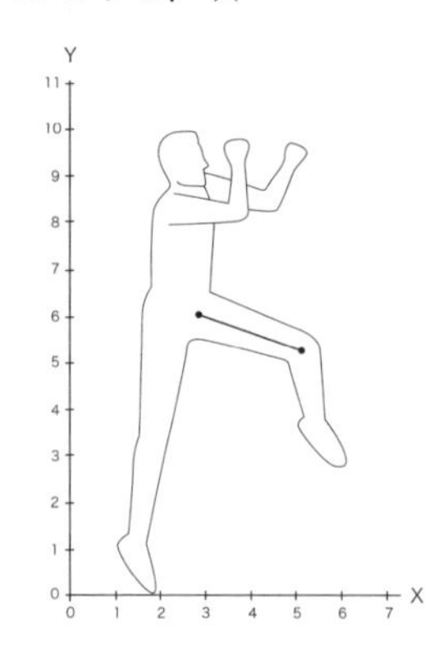

【問 3.46】スプリンターの右前腕長と左下腿長を求めよ（図）．右手および右肘，左足および左膝の各関節点の座長値はそれぞれ (2.90, 4.20)，(3.05, 5.20)，(4.55, 1.85)，(5.30, 3.10) である．なお，1 単位は 0.37 m とする．★

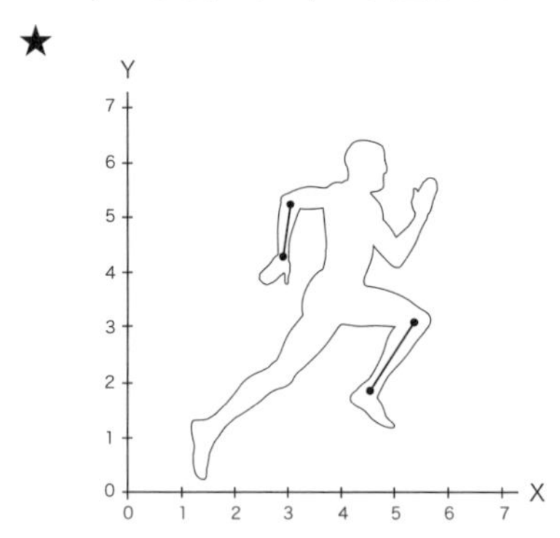

【問 3.47】投手の右大腿長と体幹長を求めよ（図）．K は右膝関節点，H は右股関節点，P は左右股関節点を結んだ線分の中点，S は左右肩関節点を結んだ線分の中点の各座標値である．なお，1 単位は 0.34 m とする．

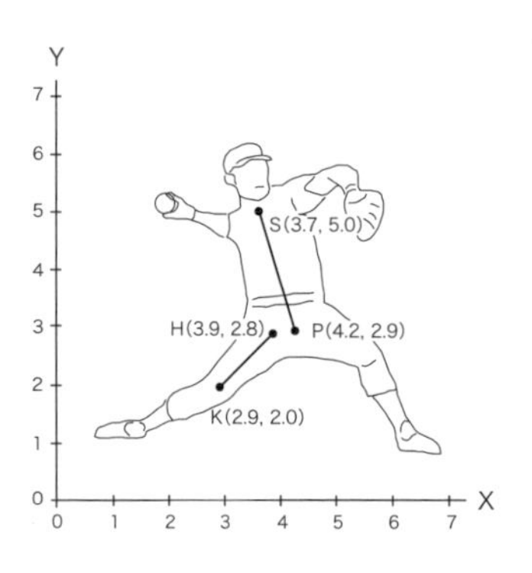

同様の方法で左前腕長を求めた場合，その値の正誤を考えなさい．★

【問 3.48】 方眼紙を使用し，次の各点の座標値 (−1.5, −2.0)，(−0.8, 3.4)，(0.7, 2.2)，(3.0, 3.9)，(4.2, −2.4)，(6.8, 3.0) をプロットし，定規を使って各点を順番に結線しなさい．なお，横軸は X 軸，縦軸は Y 軸とし適切に座標系を設定しなさい．

【問 3.49】【問 3.48】の座標系の図において，(−0.8, 3.4) と (4.2, −2.4) の 2 点間の距離を求めよ．★

【問 3.50】 坂道を走っているランナーの重心点（座標値）が (1.4, 2.0) から (8.3, 3.2) へ変位した（図）．ランナーの重心は何メートル水平方向へ移動したか．なお，1 単位は 1.28 m とする．★

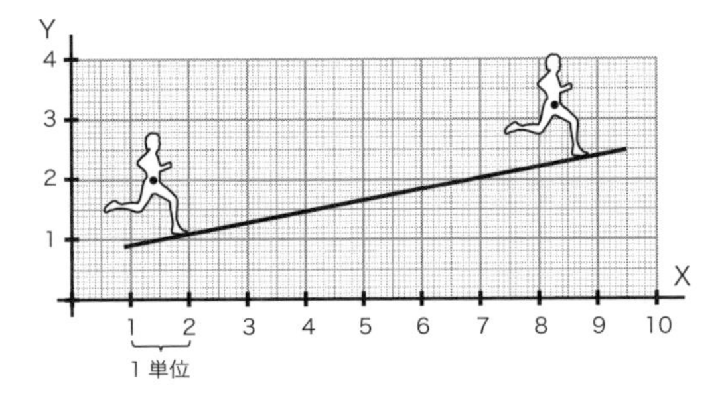

【問 3.51】 跳馬している体操選手の重心点が (2.5, 1.7) から (6.3, 2.8) へ変位した（図）．体操選手の重心は何メートル鉛直方向へ移動したか．なお，1 単位は 0.85 m とする．★

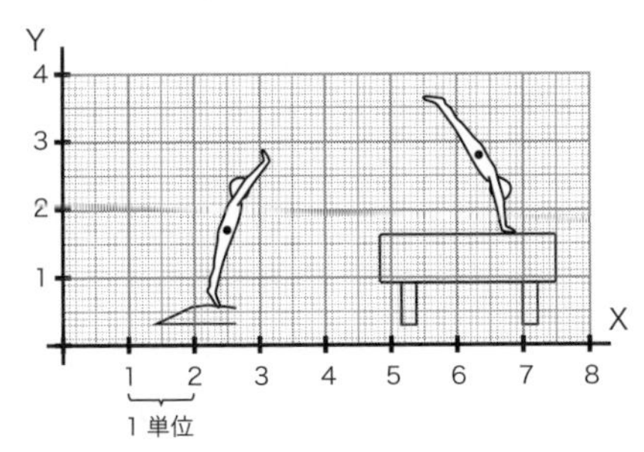

【問 3.52】 スキージャンプ選手が (33.2, 22.0) の踏切地点からジャンプし，着地点が (68.5, 7.3) であった（図）．選手は水平方向と鉛直方向を合わせてトータル何メートル移動（飛行）したか．なお，1 単位は 5.8 m とする．★

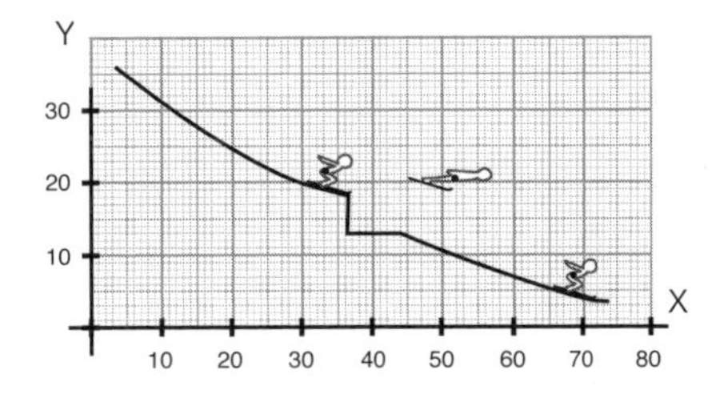

【問 3.53】 走り幅跳びにおいて選手の重心の位置が次のように 3 時点で計測された：P1 (2.5, 4.2)，P2 (5.8, 5.3)，P3 (7.6, 7.9)．方眼紙を使用し，各軸にラベルを付けて，これらの点の位置をプロットしなさい．その後，2 区間（P1-P2 区間および P2-P3 区間）の水平と鉛直方向および合成の移動距離（位置の変化）を求め，下の表の該当欄に記入せよ．なお，1 単位は 4.3 m とする．★

区間	位置の変化 [m]		
	水平	鉛直	合成
P1-P2			
P2-P3			

【問 3.54】 下の表に，100 m のスプリンターにおけるスタートから 10 m 間隔毎の水平位

水平位置 [m]	時刻 [s]	10 m 間隔の時間 [s]	平均水平速度 [m/s]
0	0.00		
10	1.93	1.930	5.18
20	2.98		
30	3.95		
40	4.90		
50	5.84		
60	6.77		
70	7.70		
80	8.64		
90	9.61		
100	10.61		

置(1列目)と各地点の通過時刻(2列目)を示した．各区間の時間と平均速度を求め，表の3列目と4列目に記入せよ．また，方眼紙を使用して，スプリンターの水平位置－時間図と水平速度－時間図を描きなさい．★★

【問 3.55】 砲丸投げ選手が砲丸を投げた（図）．図に示す位置1は砲丸を投げ出した（リリース）時点，位置2は砲丸が最大高に到達した時点，位置3は砲丸が地面に着地した時点である．原点(0, 0)はサークルリングの内側の端点である．砲丸の初期値(初期条件)が以下のように測定されている．

・リリース時点(t_1)：0.00 [s]
・水平位置(x_1)：0.34 [m]
・鉛直位置(y_1)：1.98 [m]
・水平初速度(v_{x1})：10.8 [m/s]
・鉛直初速度(v_{y1})：8.9 [m/s]

この初期条件で投げ出された砲丸の位置2と位置3の以下の値について求めなさい．なお，空気抵抗は無視する．

① 位置2：水平速度(v_{x2})，鉛直速度(v_{y2})★
② 位置2：最大高到達時間(t_2)★★
③ 位置2：最大高(y_2)★★
④ 位置2：水平位置(x_2)★★
⑤ 位置3：滞空時間(t_3)★★
⑥ 位置3：水平位置(x_3)★★
⑦ 位置3：水平速度(v_{x3})，鉛直速度(v_{y3})★★

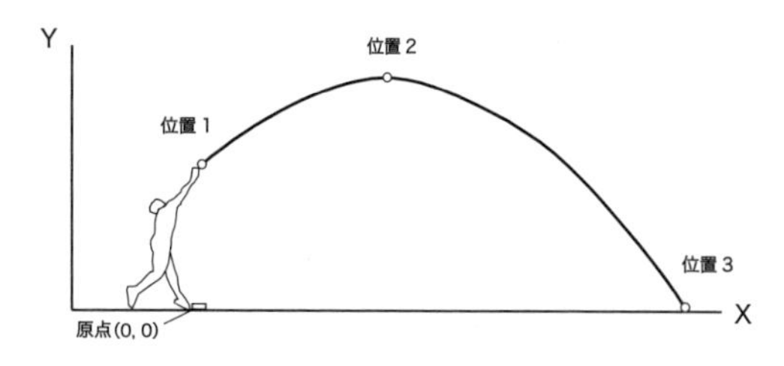

【問 3.56】【問 3.55】で求められた3地点(位置1，2，3）の値を方眼紙にプロットして，各図を描きなさい．

① 砲丸の水平位置－時間図
② 砲丸の鉛直位置－時間図
③ 砲丸の水平速度－時間図
④ 砲丸の鉛直速度－時間図

【問 3.57】 砲丸投げ選手が砲丸を水平初速度 v_{x0} = 6.5 [m/s]，鉛直初速度 v_{y0} = 4.3 [m/s]で投げ出した．砲丸を投げ出した水平位置はサークルリングの内側の端点(原点)から x_0 = 30 [cm]，鉛直位置(高さ)は y_0 = 1.8 [m]とし，空気抵抗を無視するとして，以下の問いに答えよ．

① 砲丸の最大高到達時間はいくらか．★★
② 砲丸の最大高はいくらか．★★
③ 空中に投げ出された砲丸が再び投げ出された鉛直位置（高さ）を通過するまでに要する時間はいくらか．★★
④ ③において，砲丸の鉛直速度はいくらか．★★
⑤ 砲丸の滞空時間はいくらか．★★
⑥ 砲丸はどのくらい飛ぶか〔原点 (0,0) から着地点までの水平距離を求めよ〕．★★

【問 3.58】 走り幅跳び選手が試技を行った．踏切離地時の身体重心の高さ H = 1.24 [m]，初速度 v_0 = 11.00 [m/s]，投射角 θ = 23.1 [°] で跳び出した．選手の身体重心の水平到達距離を求めよ．なお，離地時の身体重心の水平位置を 0 m とし，空気抵抗を無視する．★★

【問 3.59】 体操選手が床を蹴って跳び上がり着地するまでの時間を測ったら1.56秒であった．体操選手が最高点に達する時間はどのくらいであると考えられるか．★

【問 3.60】 相手のゴールへ向けて地面すれすれでキックしたボールの滞空時間を測ったら2.8秒であった．ボールの水平初速度が v_{x0} = 16 [m/s] であるとしたら，ボールはどのくらい飛ぶか．ただし，ボールをキックした地点は味方のゴールライン（基準点）から

4 m，高さが 0 m の位置であり，空気抵抗を無視する．★★

【問 3.61】 ハンマー投げ選手がハンマーを 1.6 m の高さから，初速度 $v_0 = 29.5$ [m/s]，投射角 38° で投げ出した．ハンマーはどれだけ飛ぶか．ただし，空気抵抗を無視する．★★

【問 3.62】 垂直跳びにおいて，離地後の身体重心高は，離地時の重心の鉛直速度と高さによって決まる．

[1] ○　　[2] ×

【問 3.63】 フットボール選手がボールをキックしたら，ボールの水平速度が 25 m/s，鉛直速度が 7 m/s であった．ボールが最高点に達する時間を求めよ．★

【問 3.64】 バスケットボール選手がボールをリングに向かってシュートした．ボールの最高点到達時間を測ったら，0.54 秒であった．選手がボールを投げ出した時点のボールの鉛直速度はいくらか．★

【問 3.65】 5 m の高さから質量 60 kg の物体が初速度 0 m/s で落ちた．物体が地面に衝突するまでの時間を求めよ．なお，鉛直上方を正とし，空気抵抗を無視する．〔ヒント：式(3.14)を使え〕★

【問 3.66】 以下は，投射体の放物運動について記述したものである．どれが誤りか．★

[1] 放物運動（軌道）は投射時の位置と速度で決まらない

[2] 投射時の鉛直速度が大きいほど，滞空時間は長い

[3] 投射時の鉛直速度が大きいほど，より高く上がる

[4] 投射時の水平および鉛直速度が大きいほど，遠くまで飛ぶ

[5] 投射時の水平速度は滞空時間，高さに関係がない

【問 3.67】 ある走運動において，以下の 6 時点の走者の速度(t, v)が測定されている：
$(t_1 = 0.25$ [s]，$v_1 = 6.5$ [m/s])，$(t_2 = 0.50$ [s]，$v_2 = 8.0$ [m/s])，$(t_3 = 0.75$ [s]，$v_3 = 8.0$ [m/s])，$(t_4 = 1.00$ [s]，$v_4 = 4.0$ [m/s])，$(t_5 = 1.25$ [s]，$v_5 = 1.0$ [m/s])，$(t_6 = 1.50$ [s]，$v_6 = 0.0$ [m/s])．
方眼紙を使用して，適切に座標系（横軸：時刻，縦軸：速度）を設定し，上記 6 時点の走者の速度をプロットし結線しなさい．各点を結線した後，以下の問いに答えなさい．なお，各区間は，たとえば，t_1 から t_2 の区間と答えなさい．

① 走者の加速度が正となる区間はどこか

② 走者の加速度が負となる区間はどこか

③ 走者の加速度がゼロとなる区間はどこか

④ 走者の正の加速度が最も大きい区間はどこか

⑤ 走者の負の加速度が最も大きい区間はどこか

⑥ 作図された速度－時間図の変化から推測して，この走運動は何の種目の走動作であると考えられるか（ヒント：球技種目，静止状態から短時間で加速した後，急激に減速して，最後は静止する運動を考えよ）★★

【問 3.68】 民生用のビデオレコーダーは 1 秒間に 30 画像を録画できる．野球の試合で投手のピッチング動作を三塁側から撮影し，投手がボールを投げ出してから打者に到達するまでの画像数をカウントしたところ，16 画像であった．投手と打者間の距離が 18 m とすると，投手によって投げ出されたボールの平均スピードはいくらか．★

第4章　回転運動のキネマティクス

《要　点》

1. 回転運動のキネマティクスとは

時間経過に伴う物体の回転運動の変化を扱い，その運動を記述する領域．回転運動の原因を追究しない．

2. 回転運動のキネマティクス変量

角度の記述方法：二次元または三次元直交座標系（右手系）を使用．**左回り**（**反時計回り**：CCW）を**正**（+）とし，**右回り**（**時計回り**：CW）を**負**（−）とする（図4.1）．

① **角度**（**角変位**）（θ：シータ）[°, deg, rad]：物体や関節の角度（図4.1）．物体上の2点を結んだ線分と座標系の各軸（0°）とのなす角（**絶対角**）や，身体部分間のなす角（例，上腕と前腕の間の角度つまり肘関節角度：**相対角**）として表す．座標系の軸に対する角度は，二次元の場合は一つ，三次元の場合は三つある．

角変位は角度の変化（Δ：デルタ）．時刻 t_1 から t_2 までの二次元座標系上におけるP点の角度の変化を $P(\Delta\theta) = (\theta_2 - \theta_1)$ と表す．

② **角速度**（ω：オメガ）[°/s, rad/s]：単位時間あたりの角度の変化．例，二次元の場合，$\omega(\Delta\theta/\Delta t)$．

平均角速度は時間間隔が比較的長い場合の角速度で，ω-t 図は**凹凸状のパターン**，**瞬間角速度**は時間間隔がきわめて短い場合の角速度で，ω-t 図は**曲線状の滑らかなパターン**となる（図4.4）．

③ **角加速度**（α：アルファ）[°/s^2, rad/s^2]：単位時間あたりの角速度の変化．例，二次元の場合，$\alpha(\Delta\omega/\Delta t)$．

平均角加速度は時間間隔が比較的長い場合の角加速度で，α-t 図は**凹凸状のパターン**，**瞬間角加速度**は時間間隔がきわめて短い場合の角加速度で，α-t 図は**曲線状の滑らかなパターン**となる（図4.4）．

☞ 角速度は角度の**1階微分値**（$d\theta/dt$），角加速度は角度の**2階微分値**（$d^2\theta/dt^2$）．

3. 角加速度の正負

物体や関節の角速度が2時刻間（時刻 t_1 から t_2 まで）で増大すれば正，減少すれば負の角加速度（図4.5）．2時刻間の角速度の値によって，角加速度が正・負となるケースはそれぞれ三つ（図4.6）．

☞ 角加速度の算出式〔式(4.4)〕の分子に2時刻の角速度値（ω_1, ω_2）を代入すれば，角加速度の正・負が簡単にわかる．

4. 回転運動の力学変量の方向

2時点間の物体の速度ベクトルによって作られる平面に対して**垂直に向く**（図4.8）．平面に対して角速度ベクトルが向く方向は2通りあるが，どちらへ向くかは「**右手の規則**」（図

4.10）に従う．つまり，右手を使い，親指を除く四指の指先を，物体を回転させた向きと同じ向きに回転させたとき，**親指が立つ方向**が角速度ベクトルの向く方向となる．同様な規則に「**右ねじの規則**」(図 4.10)がある．

5. 角速度と速度の関係

物体の速度と角速度の関係式：

$v = r\omega$　　式(4.8)

ここで，v：物体上の任意の点の速度［m/s］，ω：物体の角速度［rad/s］，r：回転軸から物体上の任意の点までの距離[m]

6. 等速円運動，等角加速度運動

6.1. **等速円運動**：時間経過に伴い角速度の大きさが変化しない運動（ω ＝ 一定）．角速度の向きは**向心加速度(向心力)**によって変化する(図 4.15)．

向心加速度(a)，向心力(F)の算出式：

$a = r\omega^2 \ (= \frac{v^2}{r})$　　式(4.10)，　$F = mr\omega^2 \ (= m\frac{v^2}{r})$　　式(4.11)

6.2. **等角加速度運動**：時間経過に伴い角加速度が変化しない運動(α ＝ 一定)

物体の角速度の算出式：$\omega = \omega_0 + \alpha t$　　式(4.12)

物体の角度の算出式　：$\theta = \theta_0 + \omega_0 t + \frac{1}{2}\alpha t^2$　　式(4.13)

【問 4.1】 回転運動のキネマティクスは，回転運動の原因を究明する領域である．

[1] ○　[2] ×

【問 4.2】 物体の回転の方向は，右回りを正とする．

[1] ○　[2] ×

【問 4.3】 角速度は単位時間あたりの角変位の変化を意味する．

[1] ○　[2] ×

【問 4.4】 時間経過に伴って角速度が変化しない運動を(　　)運動と呼ぶ．

[1] 角加速度　[2] 角速度
[3] 等角速度　[4] 等速円

【問 4.5】 時間経過に伴って角速度の大きさが変化しない運動を(　　)運動と呼ぶ．

[1] 角加速度　[2] 角速度
[3] 等角速度　[4] 等速円

【問 4.6】 時間経過に伴って角加速度が変化しない運動を(　　)運動と呼ぶ．

[1] 等角加速度　[2] 角速度
[3] 角加速度　[4] 等速円

【問 4.7】 下の二つの図はそれぞれ何を意味しているか．

[1] 左は平均角速度－時間図，右は瞬間角速度－時間図
[2] 左は瞬間角速度－時間図，右は平均角速度－時間図
[3] 左は平均速度－時間図，右は瞬間速度－時間図
[4] 左は瞬間速度－時間図，右は平均速度－時間図

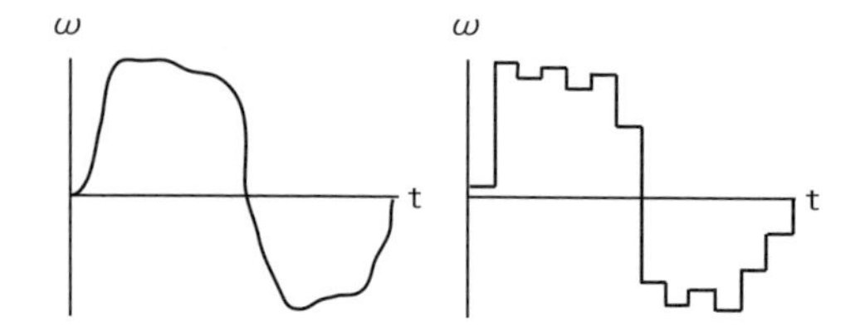

【問 4.8】角速度－時間図（ω-t 図）において曲線の傾きは何を表すか．★

[1] 角速度　[2] 角変位　[3] 加速度
[4] 角加速度　[5] モーメント　[6] 速度

【問 4.9】角変量ベクトルの方向は（　　）の規則によって決定する．

[1] 左ねじ　[2] 平行四辺形
[3] 右手　[4] 左手

【問 4.10】角速度－時間図（ω-t 図）において2時刻間の曲線で囲まれた面積は何を表すか．★

[1] 角速度　[2] 角変位　[3] 加速度
[4] 角加速度　[5] モーメント　[6] 速度

【問 4.11】15 rad/s の角速度でビールマンスピンをしているフィギュアスケート選手がいる（図）．5秒間で，選手は何度（°）回転するか．（ヒント：$\omega = \Delta\theta / \Delta t$）★

【問 4.12】650°/s の角速度でビールマンスピンをしているフィギュアスケート選手が10回転に要する時間(s)はいくらか．★

【問 4.13】フィギュアスケート選手が4回転ジャンプを試みるため，15 rad/s の回転スピードで跳んだ．滞空時間が 1.71 秒とすると，選手は空中で何回転できるか．★

【問 4.14】あなたからみて飛び込み選手が空中で右回りに回転している．このときの飛び込み選手の角速度ベクトルの向きは，紙面に垂直であなたの方向へ向いている．

[1] ○　[2] ×

【問 4.15】フィギュアスケート選手が1秒間に3回転している．その後，等角速度運動し2秒間で6回転となった．選手に生じた角加速度はいくらか．また，2秒間中に選手は何回転したか求めよ．★

【問 4.16】ブレークダンサーが路上で，上方からみて時計回りに回転している（図）．ダンサーの角速度はどの方向に向くか．

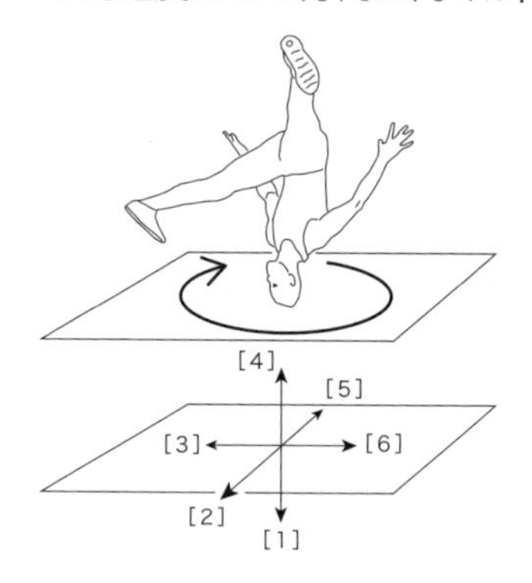

【問 4.17】図に示す立ち幅跳びにおいて，ジャンパーが3番の姿勢から6番の姿勢まで腕を勢いよく左回りに回転させている．この間の腕の角速度ベクトルはどの方向に向くか．★

[1] 右方向 [2] 左方向 [3] 上方向 [4] 下方向
[5] 紙面に直交しあなたの方向
[6] 紙面に直交しあなたから遠ざかる方向

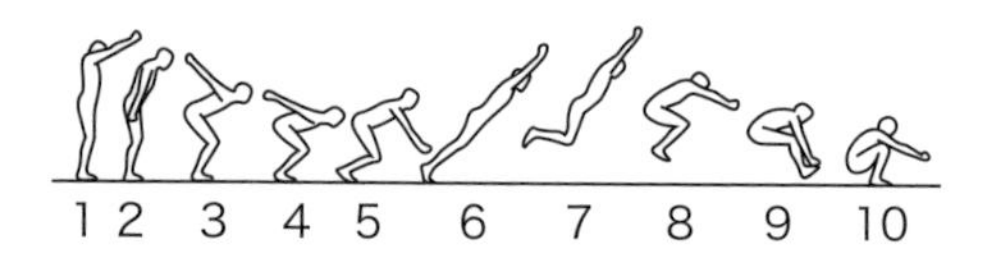

【問 4.18】ソフトボール投手がウィンドミル投法を使って投球腕を肩関節回りに 1085°/s のスピードで回している．肩とボール間の距離が 0.82 m であるとすると，

リリース時のボール速度はいくらか．★

【問 4.19】 野球の打者がバットをスイングし，バットヘッドの速度が 38 m/s であり，身体の回転軸からバットヘッドまでの距離が 1.18 m であった．打者が生み出した角速度はいくらか．★

【問 4.20】 ゴルファーがクラブを 35 rad/s の回転速度でスイングし，インパクト時のクラブヘッド速度が 52 m/s に達した．身体の回転軸からクラブヘッドまでの距離はいくらか．★

【問 4.21】 円盤投げ選手が身体の長軸回りに回転して円盤を投げ出した．選手の角速度が 650°/s で，円盤の中心からの距離が 0.9 m であるとしたら，円盤は何 m/s の速度で投げ出されたか．★

【問 4.22】 フィギュアスケート選手が 4.8 秒間で 10 回転しているときの選手の角速度を求めよ．★

【問 4.23】 自転車の車輪の直径が 66 cm である．この車輪が 1 分間に 180 回転しながら自転車が走行しているとき，自転車の速度を求めよ．ただし，車輪と路面間の摩擦抵抗を無視する．★★

【問 4.24】 競輪選手が 1 分間で 100 回転させて車輪を回しているとき，5 分間では車輪は何回転するか．★

【問 4.25】 4 秒間で 5.82 rad/s から 9.87 rad/s まで角速度が増加したときの体操選手に生じた角加速度はいくらか．★

【問 4.26】 フィギュアスケート選手が上方からみて反時計回りに回転している．このとき，選手に時計回りの角加速度が生じれば，選手の回転スピードはどうなるか．以下から選びなさい．

[1] 増大する　[2] 減少する　[3] 変わらない

【問 4.27】 6 rad/s で回転している車輪に，5 rad/s^2 の角加速度を 0.5 秒間与えた後の車輪の回転スピードはいくらか．★

【問 4.28】 6 rad/s で回転している車輪に，–5 rad/s^2 の角加速度を 0.5 秒間与えた後の車輪の回転スピードはいくらか．★

【問 4.29】 1 分間に 20 回転している車輪に，–5 rad/s^2 の角加速度が生じれば，何秒後に車輪は静止するか．★

【問 4.30】 式 (4.12) と (4.13) から，角速度と角変位を関係づける式を導き出しなさい．（ヒント：式から t を消去）★★

【問 4.31】 角速度 $\omega_0 = 3.2$ [rad/s] で回って回転椅子に座っているヒトが，5 回転中に一定の角加速度 $\alpha = 2.85$ [rad/s^2] を受けて増速した．最終的なヒトの角速度はいくらか．また，増速に要する時間はいくらか．★★

【問 4.32】 教科書の【例題 4.6】の条件でハンマーを投げたとすると，リリース時の身体の回転軸回りの角速度の大きさはいくらであったか．★

【問 4.33】 ハンマー投げ選手が，ハンマーをリリースしたときのワイヤー張力を測ったら，3450 N であった．ハンマーの重さは 7.26 kg，身体の回転軸から鉄球までの距離が 1.96 m であったとすると，選手がハンマーをリリースしたときの鉄球の速度はいくらか．★★

【問 4.34】 ゴルファーがクラブをバックスイングし，ピン上のボールに向けて角加速度 $\alpha = 25.4$ [rad/s^2] でクラブを加速した．スイング開始時のクラブの角速度が 0 [rad/s] で，インパクト時までの時間が 0.69 秒であったとすると，インパクト時のクラブの角速度はいくらか．★

【問 4.35】 フィギュアスケート選手が上方からみて反時計回りに 8 回転している．その間，選手の角速度の大きさが $\omega_0 = 3.4$ [rad/s]から $\omega = 19.8$ [rad/s]まで等角加速度で増速した．

① 増速中の角加速度はいくらか．★★
② 増速に要する時間はいくらか．★★

【問 4.36】 球を投げた投手の投球上腕の角速度が 80.5 rad/s であった．その後，0.12 秒間に上腕の角速度が 22.4 rad/s になった．肩関節回りの上腕の角加速度を求めよ．★

【問 4.37】 下の右図に示すように，$A_1 \sim A_8$ の線分と X 軸（0° とする）とのなす角度はそれぞれ何度（°）であるか．分度器で測り，下の表の該当欄に記入しなさい．なお，反時計回りを正とする．

位置	角度[°]
A_1	
A_2	
A_3	
A_4	
A_5	
A_6	
A_7	
A_8	

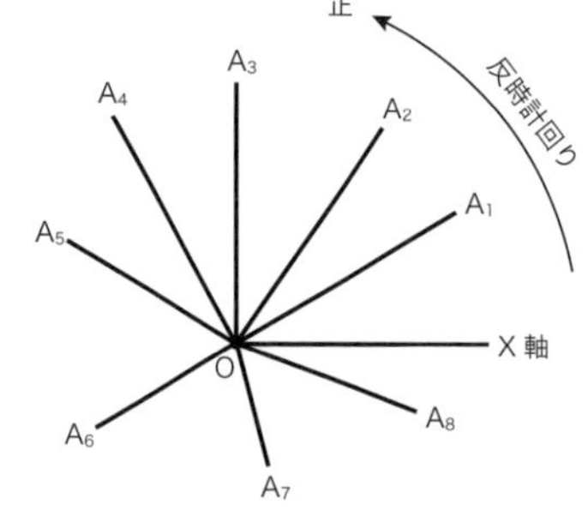

【問 4.38】【問 4.37】において，A_3 を基準線（0°）とした場合，A_4，A_6，A_8，A_2 はそれぞれ何度となるか，分度器で測りなさい．なお，反時計回りを正とする．

【問 4.39】 投手の腕の位置が A から B へ移動した（図）．地面（水平面）から右方向を基準線（0°）として角度を測れば，A の腕の角度は 38°，B の腕の角度は 249° であった．また，A から B へ要した時間は 0.13 秒であった．腕の平均角速度はいくらか．★

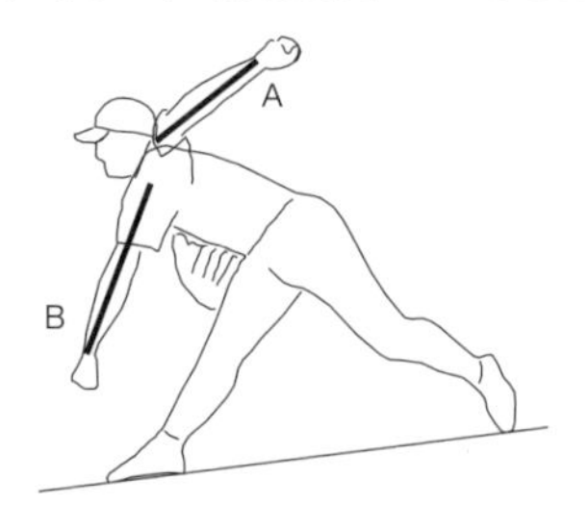

【問 4.40】 A から B へ競輪選手が自転車を漕いだ（図）．それぞれ A と B における大腿の角度（°）を分度器を用いて測り，大腿の角変位を求めなさい．なお，角度は，地面と平行で股関節から左方向の線を 0° とし，反時計回りを正として求めなさい．★

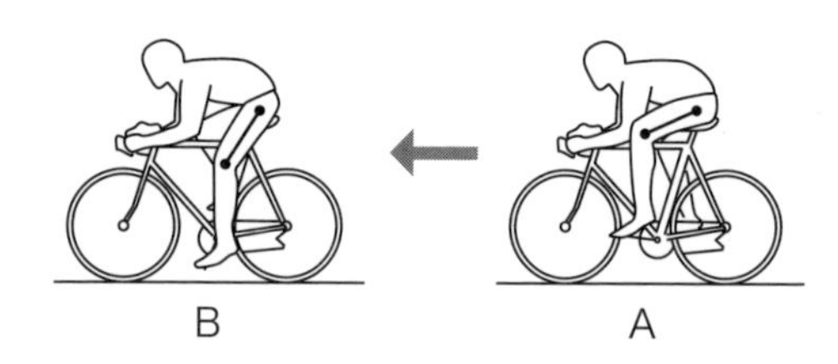

【問 4.41】 スタート局面の姿勢（図）において，右膝関節と右股関節の座標値がそれぞれ K (5.0, 2.1)，H (3.7, 3.2) であった．図に示した右大腿角（θ）は何度（°）か．★★

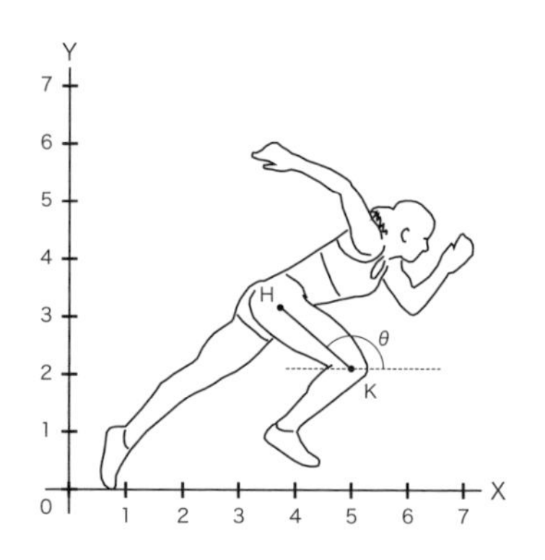

【問 4.42】【問 4.41】と同様のスタート局面

の姿勢（図）において，右足首の座標値がA（3.8, 1.1）であった．このときの右膝関節の角度はいくらか．★★

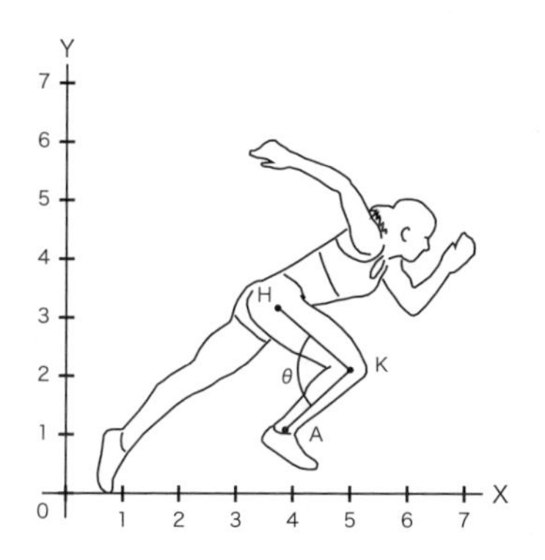

【問 4.43】第３章の【問 3.45】【問 3.46】【問 3.47】(p.18) において，身体各部分の角度(°) を求めよ．なお，角度は，【問 3.45】では左股関節，【問 3.46】ではそれぞれ右肘関節と左膝関節，【問 3.47】ではそれぞれ股関節中点と右股関節点を原点とし，X 軸を基準 (0°) に反時計回りを正として求めなさい．★★

【問 4.44】ボールキック中の３時点の右膝関節と右足関節の二次元座標値が計測されている（図，表）．三角法を使って，各時点の右下腿の角度（°）を求めて，表の該当欄に記入せよ．なお，角度は，地面と平行で膝から左方向の線を 0° とし，反時計回りを正として角度を求めなさい．★★

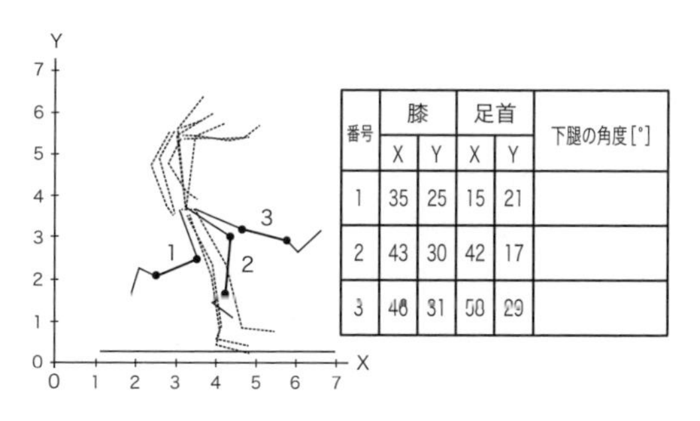

番号	膝		足首		下腿の角度 [°]
	X	Y	X	Y	
1	35	25	15	21	
2	43	30	42	17	
3	46	31	50	29	

【問 4.45】図の膝関節の角度（θ）を求めよ．なお, 股, 膝, 足関節の座標値はそれぞれ(5, 158)，(50, 86)，(18, 10)であった．★★

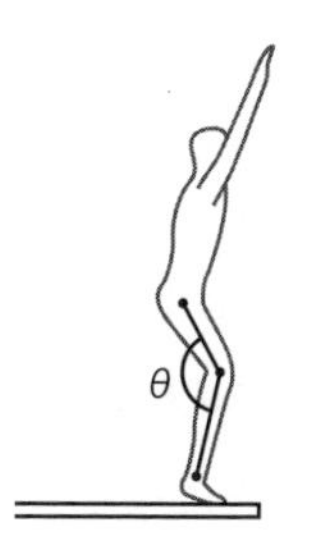

【問 4.46】図の肘関節角（θ_E）と体幹角（θ_{TK}）を求めよ．なお，右手首・右肘・右肩関節，体幹，腰の座標値はそれぞれ RW（27, 60)，RE（25, 50)，RS (33, 50)，TK (40, 50)，H (40, 35)であった．★★

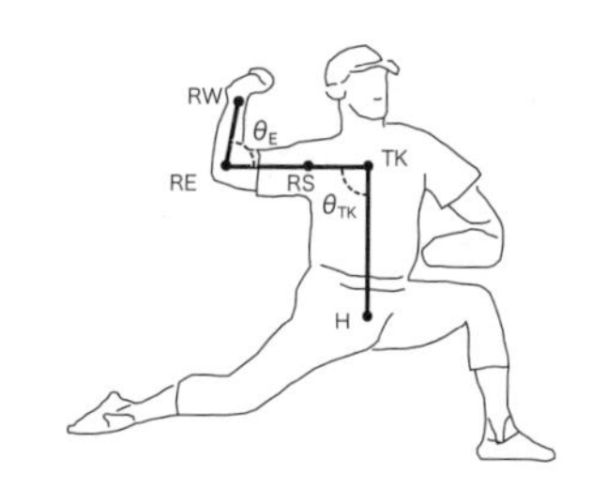

【問 4.47】表はランニング中の股関節（θ_T）と膝関節（θ_S）の角度（°）変化を示したものである．方眼紙を使って，両者の関節角度値をプロットして結線し（股関節は実線，膝関節は点線），角度－時間図を描きなさい．なお，図の横軸は時間 (s)，縦軸は角度 (°) としなさい．表の欄外に脚動作を示す．

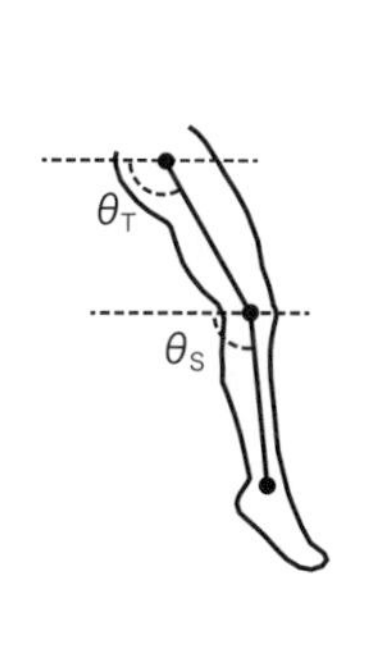

時刻 [s]	θ_T	θ_S
0.00	81	37
0.10	80	14
0.20	135	39
0.30	162	114
0.40	124	92
0.50	96	53
0.60	80	37

【問 4.48】【問 4.47】において，股関節（ω_T）と膝関節（ω_S）の角速度 (°/s と rad/s) を求

め，下の表の該当欄に記入しなさい．また，方眼紙を使って，両者の関節角速度値をプロットして結線し（股関節は実線，膝関節は点線），角速度－時間図を描きなさい．なお，図の横軸は時間（s），縦軸は角速度(rad/s)としなさい．★★

時間 [s]	ω_T	ω_S	ω_T	ω_S	時刻 [s]
	[°/s]	[°/s]	[rad/s]	[rad/s]	
0.00-0.10					0.05
0.10-0.20					0.15
0.20-0.30					0.25
0.30-0.40					0.35
0.40-0.50					0.45
0.50-0.60					0.55

【問 4.49】【問 4.48】において，股関節（α_T）と膝関節(α_S)の角加速度(°/s^2 と rad/s^2)を求め，下の表の該当欄に記入しなさい．また，方眼紙を使って，両者の関節角加速度値をプロットして結線し（股関節は実線，膝関節は点線），角加速度－時間図を描きなさい．なお，図の横軸は時間（s），縦軸は角加速度(rad/s^2)としなさい．★★

時間 [s]	α_T	α_S	α_T	α_S	時刻 [s]
	[°/s^2]	[°/s^2]	[rad/s^2]	[rad/s^2]	
0.05-0.15					0.10
0.15-0.25					0.20
0.25-0.35					0.30
0.35-0.45					0.40
0.45-0.55					0.50

【問 4.50】野球のピッチング動作において，投球腕の肩内旋角速度の最大値は 6000°/s に達する．ボールリリース時において，回転軸である上腕の長軸から指先までの距離が 0.4 m であるとすると，指先の速度はいくらか．★

【問 4.51】プロゴルファーがドライバーでスイングしたときのヘッドスピードが 60 m/s であった．スイングの回転軸からドライバーヘッドまでの距離が 2 m であるとすると，ゴルファーによって発揮された角速度はいくらか．★

第5章　並進運動のキネティクス

《要　点》

1. 並進運動のキネティクスとは

時間経過に伴う物体の並進運動の変化の原因を追究する領域

2. 並進運動のキネティクス変量

① **力**（F）［N：ニュートン］：物体を変形させたり，運動状態を変化させる原因となるベクトル量．二つの物体間において作用する．質量と加速度の積（$F = ma$）．**接触力**は地面反力，摩擦力，流体力など，**非接触力**は重力，電磁気力など．バイオメカニクスでは地面反力と重力以外は無視する場合が多い．

② **運動量**（p）［kg·m/s］：**"並進運動の勢い"**を表す量．質量と速度の積（$p = mv$）

③ **力積**（L）［N·s］：時間経過に伴う力の効果を表す量．力と時間の積（$L = Ft$）

☞ **質量**（m）［kg］は**並進運動における慣性量**．**"動かしにくさ"**を表す量．場所によって変化しない．

3. ニュートンの運動の三法則

3.1 **第一法則（慣性の法則）**

「外力が作用しない限り，物体は運動しない（静止状態）か，または一定の速度で直線運動（等速度運動）を続ける」

3.2 **第二法則（加速度の法則，運動量の変化の法則，運動の法則）**

「外力が作用すれば，物体は作用した力と同じ向きに加速度が生じる」（図 5.3）

一般的な並進運動の運動方程式：

$$\Sigma F_i = ma_{cm} \ (i = 1 \sim n) \qquad \text{式(5.2)}$$

ここで，ΣF_i：外力の総和，m：物体の質量，a_{cm}：物体の重心の加速度

☞ 一つの力のみしか物体に作用しない**特別な場合（質点）**の運動方程式は，$F = ma$ となる〔式(5.1)〕．

☞ a は時間経過に伴う速度の変化（$\Delta v/\Delta t$）であるので，第二法則は「外力が作用すれば，物体の運動量が変化する（Δp）」といい換えられる法則でもある（5. 参照）．

3.3. **第三法則（作用・反作用の法則）**

「二つの物体間に力が作用するとき，一方に作用する力は他方に作用する力と同じ大きさで，その向きは互いに反対である」（図 5.6）

4. いろいろな力

4.1 **万有引力の法則**

「二つの物体（m_1，m_2）間には引力が働き，その大きさは物体の質量に比例し，物体間の距離（r）の 2 乗に反比例する」という法則（下式）

$$F = G\frac{m_1 m_2}{r^2} \qquad \text{式(5.5)}$$

※ G は「万有引力(重力)定数」と呼ばれ，$G \fallingdotseq 6.673 \times 10^{-11}$ [$m^3/(kg \cdot s^2)$] である．

4.2 重力と重力加速度

重力(W) [N]：地球と地球上の物体間に働く引力のこと．重量(重さ)．場所によって変化する(図 5.8)．

$$W = mg$$

※ g は**重力加速度**と呼ばれ，地球では $g = 9.80665$ [m/s^2]（**標準重力加速度**）の値である．

4.3 垂直抗力と摩擦力(図 5.9)

垂直抗力(F_N)：接触面に垂直に作用する力．水平面上にある物体では重力に等しい．

摩擦力：接触面に沿って作用する力(抵抗力)．垂直抗力の大きさに比例する．

① **静止摩擦力**(f)：物体が静止している間に作用する摩擦力で，動く直前の力を**最大静止摩擦力**(f_{max})と呼び，$f_{max} = \mu F_N$ で求められる．μ(ミュー)は比例定数で**静止摩擦係数**と呼ぶ．

② **動摩擦力**(f_{KIN})：物体が動いている間に作用する摩擦力で，$f_{KIN} = \mu' F_N$ で求められる．μ' は比例定数で**動摩擦係数**と呼ぶ．

4.4 内力と外力(図 5.10)

内力：システム(系)の内部で作用する力．システムの重心の運動に影響を及ぼさない．

外力：システムの外部から作用する力．システムの重心の運動(速度の変化)に影響を及ぼす．

☞ **システム**とは，われわれが任意に解析や興味の対象とした複数の物体のグループ（単一の物体を含む）．地球はシステムに含まれる．

5. 運動量と力積の関係(図 5.11，図 5.12，図 5.13)

「**運動量の変化は力積に等しい**」という関係であり，次式で表される．

$$F\Delta t = mv_2 - mv_1 \quad (L = \Delta p = m\Delta v) \qquad \text{式(5.15b)}$$

6. フリーボディダイアグラム(FBD)と並進運動方程式(図 5.16，表 5.1)

フリーボディダイアグラム：**フリーボディ**の外部から作用するすべての外力や外トルクを矢印で描いた図．外力は**直線**，外トルクは**弧の矢印**で示す．

並進運動方程式：フリーボディダイアグラムに基づいて導き出された運動方程式（3.2 節参照）

☞ **フリーボディ**とは，システムから思考的に切り離した物体や物体の一部．

【問 5.1】 並進運動のキネティクスは，並進運動の記述とその原因を究明する領域である．

[1] ○　[2] ×

【問 5.2】 物体に外力が作用し，加速度が生じる運動を扱う領域を動力学と呼ぶ．

[1] ○　[2] ×

【問 5.3】 静力学は，物体に外力が作用しても，加速度が生じない運動を扱う領域である．

[1] ○　[2] ×

【問 5.4】 加速度の大きさは物体の質量に比例し，作用する力の大きさに反比例する．

[1] ○　[2] ×

【問 5.5】 以下のうち，どれが接触力でないか．

[1] 地面反力　[2] 抗力　[3] 重力　[4] 摩擦力

【問 5.6】 力はベクトル量である．

[1] ○　　[2] ×

【問 5.7】 力の単位は N（ニュートン）であるが，この単位は以下のどの組立単位を示したものか．

[1] kg・m/s　　[2] kg^2・m/s

[3] kg・m^2/s　　[4] kg・m/s^2

【問 5.8】 力の三要素とは「大きさ」と「方向」と，もう一つは以下のどれか．

[1] 支点　[2] 重心点　[3] 作用点　[4] 力点

【問 5.9】 質量は，並進運動における慣性量であり，"回しにくさ"を表す物理量である．

[1] ○　　[2] ×

【問 5.10】 地球の標準重力加速度（m/s^2）の値（0.2%の精度）はどれか．

[1] 9.61　[2] 9.71　[3] 9.81　[4] 9.91

【問 5.11】 質量が 75 kg のヒトの重量は何 N か．★

【問 5.12】 重量が 1360 N のヒトの質量は何 kg か．★

【問 5.13】 物体の質量は，

[1] 月よりも地球で大きい

[2] 地球よりも月で大きい

[3] 月と地球で同じである

【問 5.14】 物体の重量は，

[1] 月よりも地球で大きい

[2] 地球よりも月で大きい

[3] 月と地球で同じである

【問 5.15】 火星の重力加速度は 3.75 m/s^2 である．地球上で 900 N の重量のヒトは火星上では何 N の重量となるか．★

【問 5.16】「外力が作用すれば，物体には作用した力と同じ向きに加速度が生じる」と表された法則と同じ意味を表す法則は何か．

[1] 慣性の法則　[2] 運動量の変化の法則

[3] 第一法則　　[4] 作用・反作用の法則

【問 5.17】 ニュートンの並進運動方程式 $F = ma$ と $\Sigma F_i = ma_{cm}$ の違いを説明せよ．★★

【問 5.18】 地球上では，たとえば，机の上に置かれた鉛筆（物体）に力を加えても止まってしまうが，これはなぜか．

【問 5.19】 等速度運動を行っている物体がその状態を持続する条件をあげよ．

【問 5.20】 新幹線やまびこが仙台から東京へ向けて時速 250 km で等速度運動している（図）．この時の推進力の大きさ（F）と抵抗力（車輪の摩擦力と空気による抗力の合力）の大きさ（F_R）の関係は以下のどれが正しいか．また，正解以外の関係はどのような種別の運動状態を示したものか答えよ．★

[1] $F > F_R$　　[2] $F < F_R$　　[3] $F = F_R$

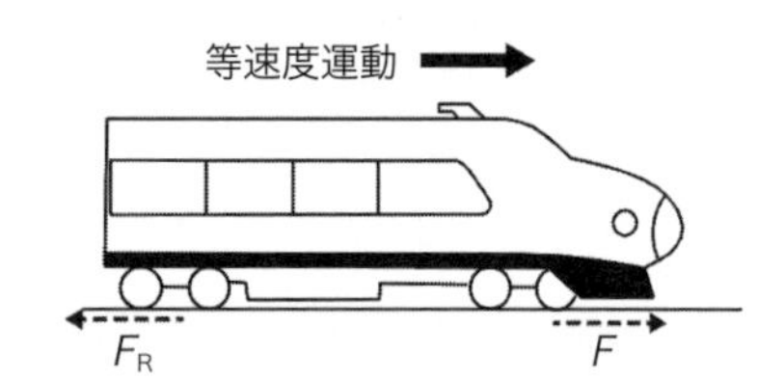

【問 5.21】 同じ質量の物体に対して力が発揮されるとき，以下の記述のうち，誤りがあるものをすべてあげよ．

[1] 力が大きければ，加速度が大きい

[2] 質量が大きければ，加速度が大きい

[3] 力積が大きければ，速度の変化が大きい

【問 5.22】 アイスホッケーパックに四つの力が同時に作用した（図）．方眼紙またはノートに四つの力を正確に描き，力の多角形の規則を

利用して，合力ベクトルを図示しなさい．

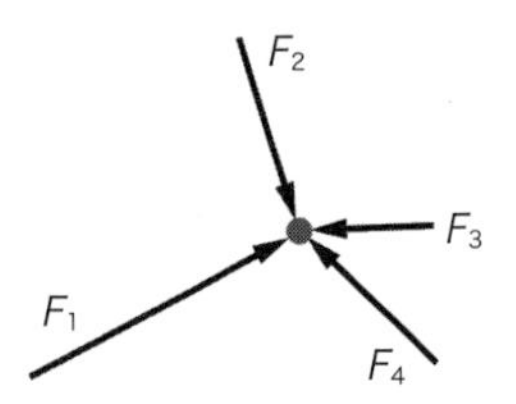

【問 5.23】 10 kg の物体に，以下の三つの力が作用した：$F_1 = 100$ [N]，$\theta_1 = 30$ [°]；$F_2 = 200$ [N]，$\theta_2 = 180$ [°]（左向き）；$F_3 = 300$ [N]，$\theta_3 = 45$ [°]．方眼紙またはノートを使用し，力の多角形の規則を利用して，合力ベクトルを図示しなさい．（物体の重量を考慮せよ）★

【問 5.24】 5 kg の物体に，以下の三つの力が作用した：$F_1 = (25, 40)$ [N]；$F_2 = (-35, -70)$ [N]；$F_3 = (90, -45)$ [N]．方眼紙を使用し，力の多角形の規則を利用して，合力ベクトルを図示しなさい．（物体の重量を考慮せよ） ★

【問 5.25】 あなたはテーブルから 6 kg の本の束を両手でもち上げている．もち上げている速度が 1.2 m/s で一定なら，あなたが本の束に対して発揮している鉛直力はいくらか．★

【問 5.26】 100 g の弓矢を 300 N の力で放った．弓矢の加速度はいくらか．★

【問 5.27】 8 m/s の速度で走っている 100 kg のアメリカンフットボール選手をストップ（静止）させるために必要な力積はいくらか．★

【問 5.28】 ウェイトリフターが 70 kg のバーベルを 935 N の力（上方力）でもち上げている．バーベルの上方加速度を求めよ．（ヒント：バーベルのフリーボディダイアグラムを描き，すべての力の合力を考えなさい）★

【問 5.29】 砲丸投げ選手が 7.26 kg の砲丸を 450 N の力で水平方向へ投げた．以下の問いに答えなさい．

① 砲丸の水平加速度はいくらか．★
② 選手が砲丸に力を作用させた時間が 0.16 秒であるとすれば，この間の砲丸の水平速度の変化はいくらか．★
③ 力を作用させた開始時点ですでに 0.8 m/s の水平速度を砲丸に与えられていたとしたら，終了時点で砲丸の水平速度はいくらか．★
④ ②において砲丸の水平力積を求めなさい．★

【問 5.30】 ラグビー選手 A は 75 kg の質量をもち，9.0 m/s の速度で走っている．一方の選手 B は 90 kg の質量をもち，8.3 m/s の速度で走っている．以下の問いに答えなさい．

① 選手 A と B の運動量はそれぞれいくらか．★
② どちらの選手をストップ（静止）させるのがより難しいか．★
③ 選手 A をストップさせるために必要な力積を求めよ．★
④ 仮に –950 N の一定の力が選手 A に作用すれば，選手 A は何秒で完全にストップするか．★★

【問 5.31】 質量 95 kg のアイスホッケー選手 A は左から右向き（正方向）に速度 4.1 m/s で滑っている．質量 78 kg の選手 B は右から左向き（負方向）に速度 5.4 m/s で滑っている．両選手が正面からぶつかった．以下の問いに答えなさい．

① 両選手が動く方向はどちらか（つまり右か左か）．★
② 衝突直後の 2 人の速度はいくらか．★

【問 5.32】 あなたはアメリカンフットボール場を上空からみている（左右にゴールポスト

がある）．ボールをもって下から上に向かって（つまりフィールドを横切って）走っているアメリカンフットボール選手 A にタックルするために，選手 B が左から右（つまり敵陣）に向かって走っている．選手 A の質量が 105 kg，速度が 6.4 m/s であり，選手 B の質量が 89 kg，速度が 7.4 m/s であった．以下の問いに答えなさい．

① タックル（衝突）後，両選手が動く方向はどちらか（右方向を 0° とし，反時計回りを正とする）．★

② タックル直後の 2 人の速度はいくらか．★

【問 5.33】 男性用バスケットボールシューズの重さが 4.30 N であった．このシューズの底をコート（木材質）の床面に擦り，シューズが動き出す直前の水平力を測ったら，2.88 N であった．このシューズの静止摩擦係数（μ）はいくらか．★

【問 5.34】【問 5.33】と同様のシューズを履いて，バスケットボール選手がゲーム中のある瞬間でコートに接地した際に 1750 N の鉛直力（垂直抗力 F_N）を発揮した．選手が床面を滑らずに発揮できる最大水平力はいくらか．ただし，鉛直力にシューズの重さは含まれる．★★

【問 5.35】【問 5.33】と同様のシューズを履いた選手がゲームの後半に，鉛直力（F_N）2357 N，水平力 1525 N を発揮した．選手は滑るか．ただし，鉛直力にシューズの重さは含まれる．★★

【問 5.36】【問 5.33】と同様のシューズを履いた選手が，床面の後方へ 1100 N の水平力を発揮した．選手が滑らずに発揮できる鉛直力（F_N）の最小値はいくらか．ただし，鉛直力にシューズの重さは含まれる．★★

【問 5.37】 以下の説明でどれが誤りか，すべてあげよ．

[1] 走種目において，速い速度で走るランナーは低い速度で走るランナーよりも運動量は大きい．

[2] 地球表面の物体の重量は，その質量に比例する

[3] 摩擦がない状況では，物体を加速させるのは難しい

[4] 単一の力が物体に作用すれば，その物体の速度は変わる

【問 5.38】 宇宙空間で 2 人の宇宙飛行士が，質量の異なる野球ボール（150 g）とバスケットボール（600 g）でキャッチボールしている．楽に（つまりより小さな力で）投げられるのはどちらのボールか．★

[1] 野球ボール　　[2] バスケットボール

[3] どちらも同じ

【問 5.39】 質量 500 g のバスケットボールに力を作用させて，リリース直後のボールの加速度を測ったら，18 m/s^2 であった．この瞬間にボールに作用した力は何 N か．★

【問 5.40】 砲丸投げ選手がさまざまな重さの砲丸を用いてトレーニングしている．最初に，7 kg の砲丸を用いて 350 N の力を 0.5 秒間発揮した．次に，4 kg の砲丸を用いて 300 N の力を 0.4 秒間発揮した．どちらの砲丸の運動量が大きいか．★

【問 5.41】 以下の記述のうち，誤った記述はどれか．★

[1] システムとは，運動の解析の対象としてわれわれが任意に選んだ物体のグループである

[2] 内力はフリーボディの運動に影響を与えない

[3] 外力はフリーボディの運動に影響を与える

[4] 内力も外力もフリーボディの運動に影響を与える
[5] ヒトの身体をフリーボディとみなした場合，関節に加わる力は内力である

【問 5.42】 フリーボディダイアグラム(FBD)とは何か．★
[1] フリーボディに作用する内力と内トルク
[2] フリーボディに作用する内力と外トルク
[3] フリーボディに作用する外力と外トルク
[4] フリーボディに作用する外力と内トルク
をすべて図示した図である．

【問 5.43】 各図において，グレーに塗られた物体をフリーボディとした場合のフリーボディダイアグラムを描きなさい．★

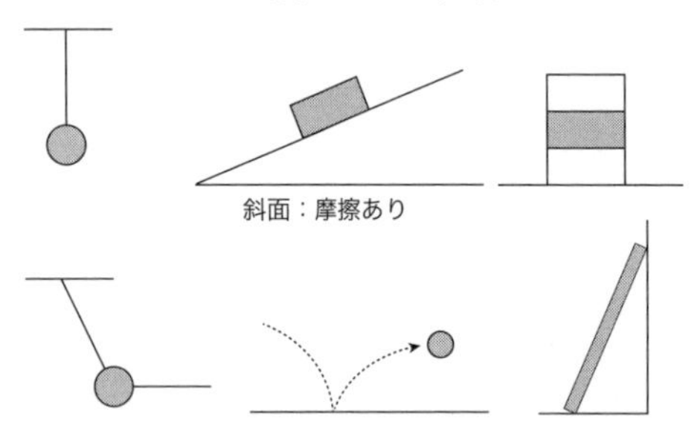

【問 5.44】 図に高度 1 万メートルの高さを保って，時速 900 km の速さで等速度運動を行っているジャンボジェット機（図）のフリーボディダイアグラムを描くとともに，各外力の名称を書き入れなさい(第 8 章参照)．★

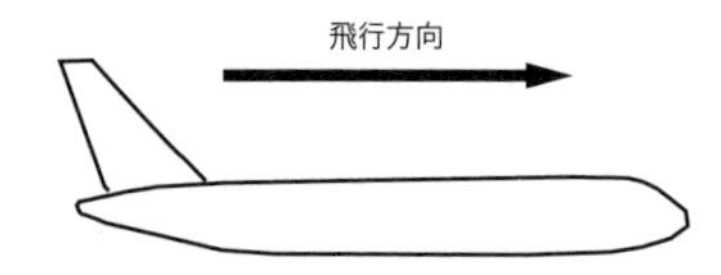

【問 5.45】 子どもが跳び箱運動をしている．子どもが跳び箱に発揮した水平力が 520 N であり，鉛直下方力が 1270 N であった．跳び箱の重さは 730 N であった．跳び箱が動かない（つまり加速度が生じない）ためには，跳び箱に発揮された力の総和はゼロでなければならない．すなわち，跳び箱と床面の接触面には，–520 N の水平力，2000 N（= 730 N + 1270 N）の鉛直上方力（つまり垂直抗力 F_N）が生じなければならない．跳び箱は床面に固定されていないため，跳び箱と床面の間の摩擦係数は μ = 0.23 であった．これらの条件において，以下の問いに答えなさい．

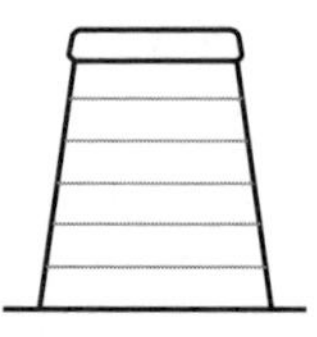

① 図において，子どもと跳び箱と体育館(床面)のシステムを考え，跳び箱をフリーボディとした場合のフリーボディダイアグラムを描き，既知の力はその値を入れなさい．★★
② 鉛直上方力が 2000 N であれば，最大水平力(最大静止摩擦力)はいくらか．★★
③ 床面が跳び箱に対してなす実際の水平力（摩擦力)はいくらか．★★
④ 跳び箱の水平加速度はいくらか．★★
⑤ もし跳び箱と床面の接触面の摩擦係数が μ = 0.42（つまり粗い材質）で大きくなれば，床面が跳び箱の接触面に対してなす最大静止摩擦力はいくらになるか．★★
⑥ ⑤において，実際に，跳び箱に発揮される水平力(摩擦力)はいくらか．★★
⑦ ⑤の粗い材質において，跳び箱に生じる水平加速度はいくらか．★★
⑧ ⑥の答えから，跳び箱は床面を滑るか．★

【問 5.46】 ウェイトリフターが床に置いてある 100 kg のバーベルを 1 秒間に 1.5 m/s の加速度でもち上げた．リフターによって発揮された力はいくらか．（バーベルの重量を考慮せよ）★

【問 5.47】 野球の捕手が，42 m/s の速度で飛んできた 145 g のボールを 0.5 秒後に静止させるために必要な平均力はいくらか．★

【問 5.48】 ボウラーが 2 kg のボールを 20 N の力でピンに向けて投げた．床面(水平面)に

摩擦がないとすると，リリース 2 秒後のボールの速度を求めよ．なお，ボウラーがボールを投げ出したときのボールの速度を 5 m/s とする．★

【問 5.49】【問 5.48】において，ボールと床面の動摩擦係数が $\mu' = 0.251$ であるとすると，リリース 2 秒後のボールの速度はいくらになるか．★

【問 5.50】 力積の単位は以下のどれか．

［1］kg・m　［2］kg・s　［3］N・s　［4］N・m

【問 5.51】 図の 3 人の空手選手と道場（畳）のシステムを考え，真ん中の選手をフリーボディとみなした場合のフリーボディダイアグラムは以下のどれか．★

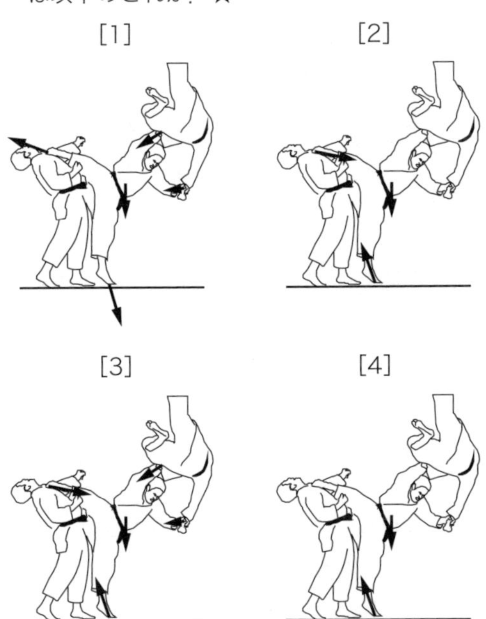

【問 5.52】 超人ハルク（アメリカ漫画のスーパースター）が質量 10 kg の石を以下の条件で力を加えて投げた．石の速度が最も大きくなるものはどれか．★

［1］1500 N の力で 0.55 秒間

［2］4000 N の力で 0.20 秒間

［3］2500 N の力で 0.34 秒間

［4］3500 N の力で 0.24 秒間

【問 5.53】 ヒトが質量 80 kg のソリを水平方向に 124 N の力で 4.3 秒間押した．ソリと雪面間で摩擦がないとすると，ソリの水平加速度はいくらか．また，4.3 秒後のソリの速度はいくらになるか．★

【問 5.54】 ボブスレー選手が質量 400 kg のソリを水平方向に 800 N の力で押してスタートダッシュした（図）．ソリのランナー（刃）と氷面の摩擦力がないとすると，スタートから 3 秒後のソリの速度はいくらになるか．★

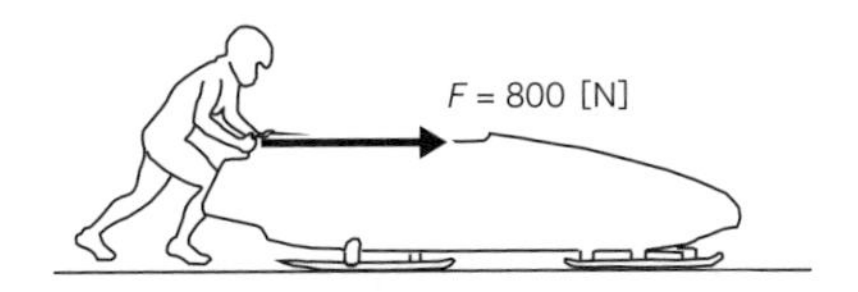

【問 5.55】【問 5.54】において，ソリのランナー（刃）と氷面の動摩擦係数が $\mu' = 0.025$ であり，他の条件が同じとすると，スタートから 3 秒後のソリの速度はいくらになるか．★

【問 5.56】【問 5.54】と同条件であるが，ただし氷面から 30° の角度でソリを押してスタートダッシュした（図）．ソリのランナー（刃）と氷面の摩擦力がないとすると，スタートから 3 秒後のソリの速度はいくらになるか．★

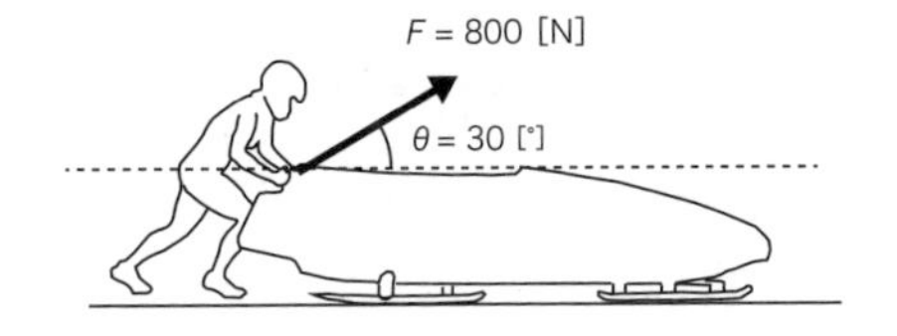

【問 5.57】 ランナーをフリーボディとみなした場合，ランナーの支持足が地面を押す力は反作用力である．

［1］○　［2］×

【問 5.58】 質量 400 kg のボブスレー（パイロット含む）が斜度 20° の斜面を滑走している

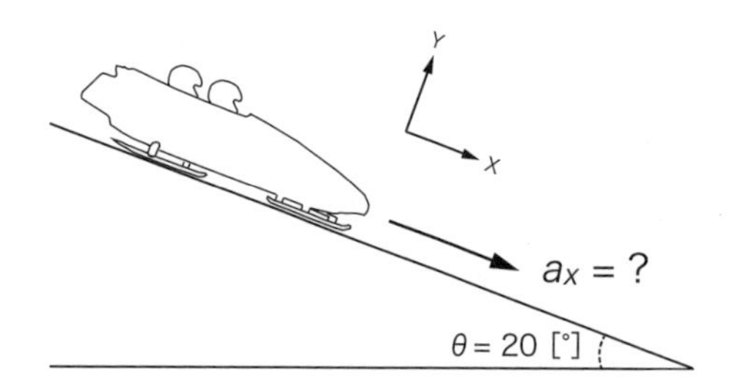

(図). ボブスレーの加速度(a_x)を求めよ. なお, 斜面の動摩擦係数(μ')は0.05とする. (ヒント：フリーボディダイアグラム, 運動方程式)★★★

【問 5.59】 野球のティーバッティング（棒の上に置いた静止球を打つ打撃練習法：図）において, 打者が質量 0.9 kg のバットでティー上の質量 150 g の静止球 ($v_{1\text{-ball}}$ = 0 [m/s]) を打撃した. インパクト直前のバットヘッドの水平速度は $v_{1\text{-bat}}$ = 30 [m/s], インパクト直後のバットヘッドの水平速度は $v_{2\text{-bat}}$ = 23 [m/s] であった. インパクト直後の打撃された球の水平速度 $v_{2\text{-ball}}$ はいくらか. (ヒント：運動量の保存の法則). ★★

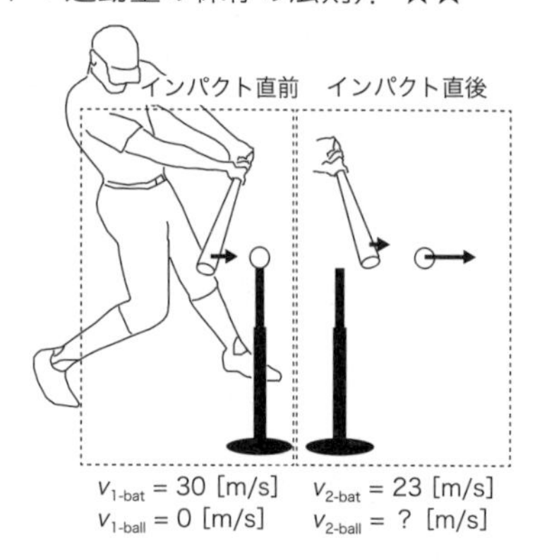

【問 5.60】 2 人のラグビー選手 A と B がパントキックされたボールを捕るために空中で激突した（図：上方から描画）. 選手 A の質量は 80 kg, 選手 B は 70 kg であった. 激突した速度は選手 A が 6 m/s（東向き）, 選手 B が 8 m/s（北向き）であった. 2 人の選手を一つのシステムとみなした場合, 激突した 2 人の運動量 p_{AB}（合運動量）の大きさとその向き (θ) を求めよ. ★

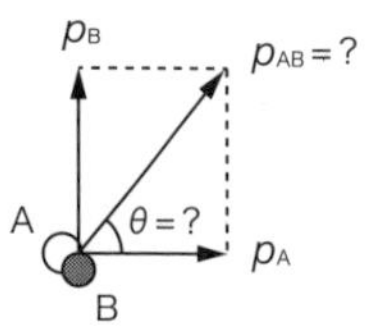

【問 5.61】 運動量の単位は以下のどれか.
[1] kg・m/s [2] kg・m²/s [3] N/s [4] m/s

【問 5.62】 図の 2 人のサッカー選手とボールと地球(地面)のシステムを考え, 左側のサッカー選手をフリーボディとみなした場合のフリーボディダイアグラムは以下のどれか. ★

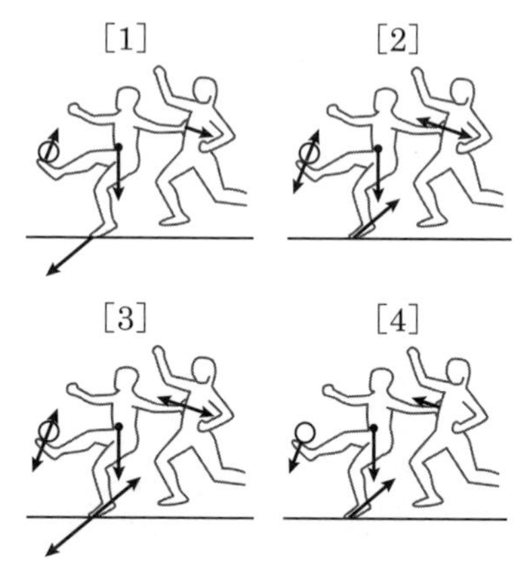

【問 5.63】 物体の運動量の変化は, 以下のどのパラメータによって決定されるか.
[1] 物体の加速度　[2] 物体の速度
[3] 物体に発揮された力とその作用時間
[4] 物体の質量

【問 5.64】 ヒトが 65 kg の質量のソリを, 水平方向へ 80 N の力で 8 秒間押したときの力積はいくらか. ★

【問 5.65】 質量 100 kg のラクビー選手 A は 8.0 m/s の速度で走っている. もし質量 80 kg のラクビー選手 B が選手 A と同じ運動量を発生させるためには, 選手 B は何 m/s で走らなければならないか. ★

【問 5.66】 バスケットボール選手がチームメイ

トに質量0.5 kgのボールを5.6 m/sの水平速度で投げた．しかし，そのボールを相手選手が45 Nの力で0.2秒間受け止めて奪った．相手選手がボールに加えた力積を求めよ．★

【問5.67】 10 mのビルの屋上から体重60 kgのヒトが落ちた(図)．ヒトが地面に衝突した際の衝撃力はいくらか．Nとkg重で答えよ．なお，屋上を基準面（$H = 0$ m）とし，初速度(v_1)は0 m/s，衝突時間は0.01秒とする．(運動量と力積の関係を使いなさい)★★

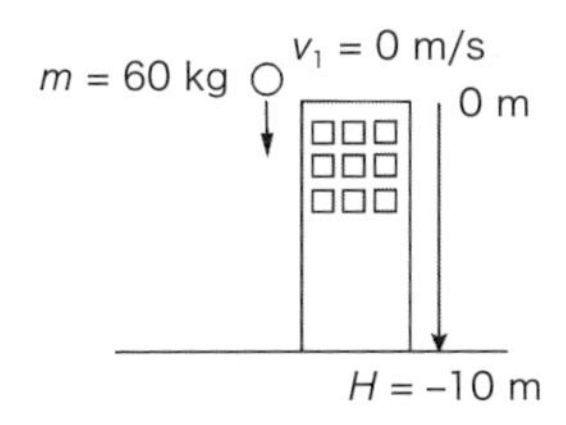

【問5.68】 投手がピッチング動作の後半で，右手でもった150 gのボールに対して0.14秒間に50 Nの水平力を加えた．ボールの水平初速度はゼロとして，リリース時のボールの水平速度はいくらか．★

【問5.69】 投てき物に最大の速度を与えるための条件は以下のどれか．

[1] 長時間にわたって大きな力を発揮する
[2] 大きな力を発揮する(時間は重要でない)
[3] 長時間にわたって力を発揮する（時間が重要であり，力の大きさは重要ではない）

【問5.70】 あなたは車の座席に座っている．車が急激に右方向へ曲がった．このときにあなたは座席から左方向へ移動する力を受ける．この力はあなたに対して発揮された遠心力によるものである．

[1] ○　　[2] ×

【問5.71】 競輪選手が水平面を15.4 m/sのスピードで正の方向へ走っている．このときの空気抵抗力は24 Nであった．選手がペダルを漕いで，地面に対して車輪によって発揮された後方力は56 Nであった．選手とバイクシステムの質量は75 kgであるとすれば，システムの重心の水平加速度はいくらか．

【問5.72】 力積の単位を書きなさい．

【問5.73】 図のウェイトリフティング選手とバーベルと体育館（床面）のシステムを考え，選手をフリーボディとみなした場合のフリーボディダイアグラムは以下のどれか．★

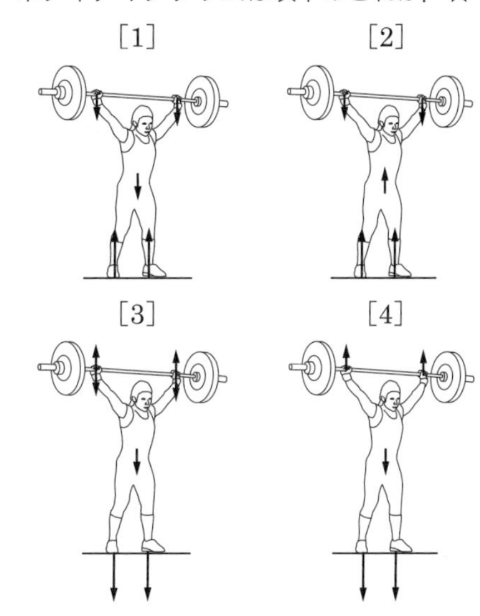

【問5.74】 図の立ち幅跳びにおいて身体重心が最も低くなるのは4番と5番の間にあるが，この時，ヒトにより地面に発揮された鉛直力は体重と比べてどうなるか．★

[1] 大きい　　[2] 小さい　　[3] 同じ

【問5.75】 図の体操選手と平行棒のシステムを考え，選手をフリーボディとした場合のフリーボディダイアグラムを描きなさい．★

【問 5.76】 図の空中ぶらんこをつかんでいる曲芸師とその曲芸師をつかんでいるもう1人の曲芸師，そして空中ぶらんこのシステムを考え，空中ぶらんこをつかんでいる曲芸師をフリーボディとみなした場合のフリーボディダイアグラムを描きなさい．また，2人の曲芸師をフリーボディとした場合のフリーボディダイアグラムも描きなさい．★★

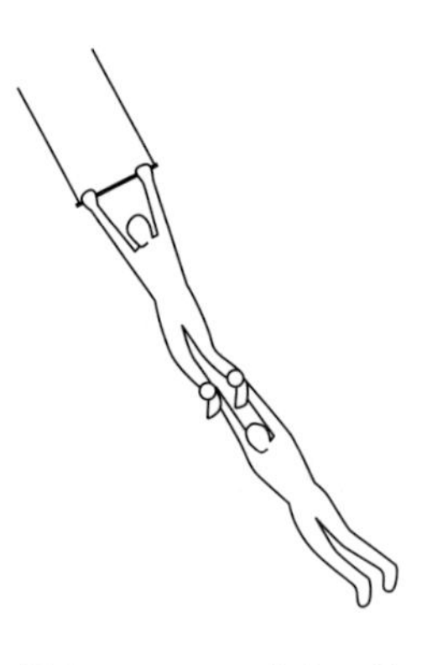

【問 5.77】 ある走り高跳び選手が二つの競技大会に出場した．その結果，選手が跳んだ高さ（記録）はどちらの大会においても同じであった．1試合目は踏切局面で下方への動き（身体重心が踏切開始から最も低くなるまで）に3秒間を要したが，2試合目では4秒間を要した．どちらの試合の踏切局面において，選手が発揮した力は大きいか．★★

[1] 1試合目　[2] 2試合目　[3] どちらも同じ

【問 5.78】 万有引力を無視するとしたら，スペースシャトルのロボットアームで宇宙空間にそっと（速度ゼロで）置かれた宇宙飛行士は，その場所から動くことができない．

[1] ○　　[2] ×

第6章　回転運動のキネティクス

《要　点》

1. 回転運動のキネティクスとは

時間経過に伴う物体の回転運動の変化の原因を追究する領域

2. 回転運動のキネティクス変量

① **力のモーメント**（N：単に**モーメント**）または**トルク**（T）[N·m]：物体の回転運動を変化させる原因となるベクトル量．回転力．力と**モーメントアーム**の積（$N = rF$）または**慣性モーメント**と角加速度の積（$N = I\alpha$）．力の作用線が重心を通らない，つまりモーメントアームがゼロでない場合に生じる（図 6.1）．

② **角運動量**（H）[kg·m²/s]："**回転運動の勢い**" を表す量．慣性モーメントと角速度の積（$H = I\omega$）

③ **角力積**（J）[N·m·s]：時間経過に伴う力のモーメントの効果を表す量．力のモーメントと時間の積（$J = Nt$）

☞ モーメントアーム（r）[m] は物体の回転軸（支点）から力の作用線までの垂直距離

☞ **慣性モーメント**（I）[kg·m²] は**回転運動における慣性量**．"回しにくさ" を表す量．$I_{CG} = \Sigma m_i r_i^2$

3. つり合い，てこの原理，重心と測定法，身体重心の性質，姿勢の安定，平行軸の定理

3.1 つり合いの条件（図 6.5）

$$\Sigma F_i = 0, \quad \Sigma N_i = 0$$

3.2 てこの原理（三種のてこ）（表 6.1）

てこ：支点（軸）の回りを自由に回転でき，小さな力や動きを大きな力や動きに変えるレバー

第一種のてこ：（配列）力点－支点－作用点，（性能）力と運動の拡大

第二種のてこ：（配列）支点－作用点－力点，（性能）力の拡大

第三種のてこ：（配列）支点－力点－作用点，（性能）運動の拡大 ➡ 人体の骨格構造のほとんどは**第三種のてこ**，つまり「**力で損して動きで得する**」てこなのだ！

3.3 重心と測定法（図 6.9 ～図 6.14）

重心：「物体を 1 点で支えたときにつり合う点」，つまり，支点の左側で生じるモーメントと右側で生じるモーメントが互いに打ち消されてゼロとなる点（$\Sigma N = 0$）．

重心の測定法：**①バランス法，②つり下げ法，③反力板法，④作図法，⑤座標計算法**

☞ バイオメカニクスでは画像などを用いて動作分析を行い，座標計算法により身体重心を算出する．この方法により身体重心を算出するためには，**身体部分慣性係数**（BSP）を用いてあらかじめ身体各部分（体幹，上腕など）の慣性値（**質量，重心位置**）を求めておく必要がある！

3.4 身体重心の性質(身体重心と空中パフォーマンス)

空中局面において**身体重心の軌道を変えることはできない**. しかし, 空中局面において**身体の一部を下げると一部が上がる性質**を利用してパフォーマンスを高めることができる. 代表例は, 走り高跳びのバークリアランス(図 6.15)!

3.5 姿勢の安定(図 6.16)

力学的条件：**基底面が広い**, **重心が低い**, **重い**

☞ **基底面**とは物体を床面に置いたときの接触面

3.6 平行軸の定理(図 6.18)

物体の重心回りの慣性モーメントを用いて, **任意の軸回りの慣性モーメント**(I_p)を求めるための定理　$I_p = I_{CG} + md^2$

4. ニュートンの運動の三法則：回転運動の場合

4.1 第一法則：

「物体の外部からその物体へ力のモーメント(外モーメントまたは外トルク)が作用しない限り, その物体は回転しないか, または一定の角運動量で回転し続ける」

4.2 第二法則：

「力のモーメントが物体へ作用すれば, 角加速度が生じる, または角運動量が変化する」(図 6.23)

一般的な回転運動の運動方程式

$$\Sigma N_i = I\alpha_{cm} \quad (i = 1 \sim n) \qquad \text{式(6.13)}$$

ここで, ΣN_i：外力のモーメントの総和, I：物体の慣性モーメント, α_{cm}：物体の重心回りの角加速度

☞ 一つの外力のモーメントのみしか物体に作用しない場合の運動方程式は, $N = I\alpha_{cm}$ となる〔式(6.12)〕.

☞ α は時間経過に伴う角速度の変化($\Delta\omega/\Delta t$)であるので, 第二法則は「外力のモーメントが作用すれば, 物体の角運動量が変化する(ΔH)」といい換えられる法則でもある(5. 参照).

4.3 第三法則：

「二つの物体間にトルクが作用するとき, 一方に作用するトルクは他方に作用するトルクと同じ大きさで, その向きは互いに反対である」(図 6.31)

5. 角運動量と角力積の関係

「**角運動量の変化は角力積に等しい**」という関係であり, 次式で表される.

$$N\Delta t = I\omega_2 - I\omega_1 \quad (J = \Delta H = I\Delta\omega) \qquad \text{式(6.19b)}$$

【問 6.1】 回転運動のキネティクスは, 回転運動の記述とその原因を究明する領域である.

[1] ○　[2] ×

【問 6.2】 力のモーメントは (　　) と力の積である.

[1] 慣性モーメント　[2] 力

[3] 角加速度　[4] モーメントアーム

【問 6.3】 角速度は, 角運動量を慣性モーメントで除したものである.

[1] ○　[2] ×

【問 6.4】力のモーメントと時間の積は何か.

【問 6.5】I と ω を乗じたパラメータは何か.

【問 6.6】物体が空中にあるとき，物体には常に力のモーメントが作用している.
[1] ○　[2] ×

【問 6.7】外力の作用線が物体の重心点を通らないと，物体は,
[1] 並進するが回転しない
[2] 回転するが並進しない
[3] 並進も回転もする

【問 6.8】慣性モーメントは，回転運動における慣性量であり，“回しにくさ”を表す物理量である.
[1] ○　[2] ×

【問 6.9】ニュートンの運動の第二法則を回転運動で説明した以下の記述のうち，どれが正しいか.
[1] 慣性モーメントは，空中で変えることができない
[2] 角速度は常に一定である
[3] 角運動量はトルクが発揮されれば変わる
[4] 慣性モーメントはトルクが発揮されれば変わる

【問 6.10】角運動量が一定であるなら，以下の記述のどれが正しいか. ★
[1] トルクがゼロである
[2] 角速度が一定である
[3] 慣性モーメントが一定である
[4] [1]と[3]の両方
[5] [2]と[3]の両方

【問 6.11】ヒトが空中にあるとき，身体の角運動量を変えることができる.
[1] ○　[2] ×

【問 6.12】第三種のてこにおいて，てこ比が高いと，力の作用点の動きが拡大し，てこ比が低いと，作用点で大きな力に耐えられる.
[1] ○　[2] ×

【問 6.13】図のAとBは第三種のてこである. AとBで発揮された力 (F) が同じであれば，どちらのてこが作用点により大きな負荷 (W) に耐えることができるか. なお，支点から作用点までの長さはどちらも同じである. ★
[1] A　[2] B

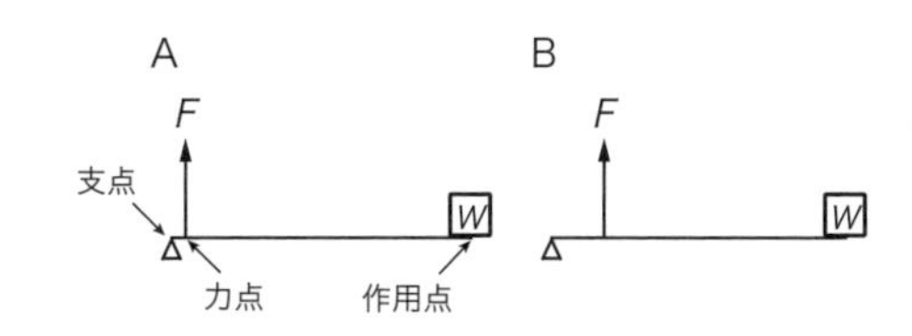

【問 6.14】人体の筋骨格構造は，第三種のてこが多いが，このてこは，いわば「動きで損して，力で得をする」てこである.
[1] ○　[2] ×

【問 6.15】レンチは，てこの原理を利用して，ボルトを閉めたり緩めたりすることができる. 図に示す A，B，C は何を示すか. また，第何種のてこであるか答えなさい.
[1] A：力点　B：支点　C：作用点
[2] A：支点　B：作用点　C：力点
[3] A：支点　B：力点　C：作用点
[4] A：作用点　B：支点　C：力点
[5] A：作用点　B：力点　C：支点

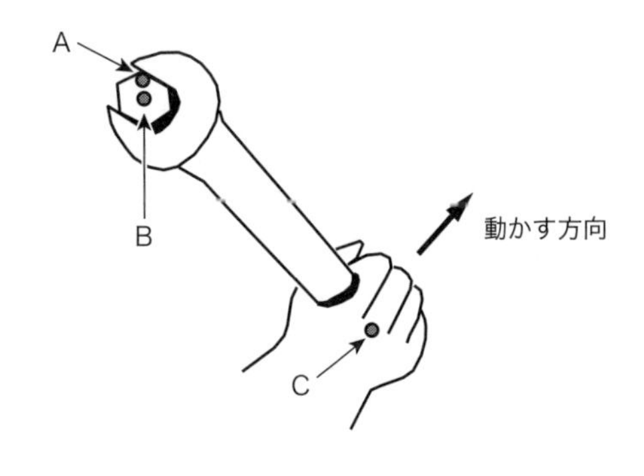

【問 6.16】 身体部分慣性係数は三つある．このうち一つは部分の重心（質量中心）位置であるが，残りの二つは以下のどれか．

［1］重量，慣性モーメント
［2］重量，力のモーメント
［3］質量，慣性モーメント
［4］質量，力のモーメント

【問 6.17】 バランス（平衡）を保つために物体の状態をどのようにすればよいか．

［1］力の総和をゼロ　［2］トルクの総和をゼロ
［3］［1］と［2］の両方　［4］いずれでもない

【問 6.18】 慣性モーメントの単位を書きなさい．

【問 6.19】 2 人の子ども A と B がシーソーで遊んでいる．A は 35 kg の質量で，シーソーの軸から 2.40 m のところに座り，B は 24 kg であった．2 人がバランスを保つためには，B はシーソーの反対側に軸から何 m のところに座らなければならないか．★

【問 6.20】 あなたは，止まっている回転椅子（以下，椅子）にその重心から外して力を作用させた（図）．以下の問いに答えよ．

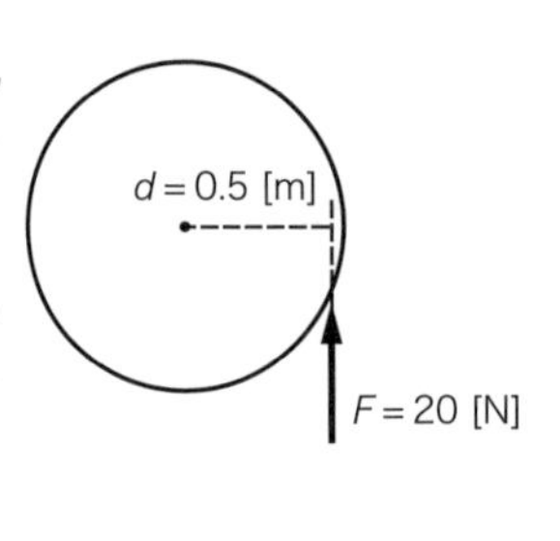

① トルク（T）を求めよ．また，回転する方向はどちらか．時計回り（CW），反時計回り（CCW）で答えよ．★
② 椅子の慣性モーメント（I）が 3 kg·m^2 であれば，発生する角加速度（α）はいくらか．★
③ あなたが計算したトルクを椅子に 3 秒間作用させた．角力積（J）はいくらか．また，その向きはどちらか．★
④ 椅子に力が作用する前の角運動量はいくらか．★
⑤ ③で求められた角力積により発生する角運動量はいくらか．★
⑥ 椅子に力を作用させた結果，最終的な角運動量はいくらになったか．★
⑦ もし，あなたが椅子に力を作用させる前に，すでに椅子が回す向きと同じ方向に 5 kg·m^2/s の角運動量をもっていたとしたら，最終的な角運動量はいくらか．★★
⑧ もし，あなたが椅子に力を作用させる前に，すでに椅子が回す向きと逆方向に 8 kg·m^2/s の角運動量をもっていたとしたら，最終的な角運動量はいくらか．★★

【問 6.21】 二つのバケツを肩でかついでいるヒトがいる（図）．あなたからみて左側のバケツの重さ（W_1）は 200 N で，ヒトの正中線から 1.0 m の距離（d_1）につり下げられている．一方，右側のバケツの重さ（W_2）は 150 N である．ヒトがバランスを保つためには，右側のバケツは正中線から何 m のところにつり下げる必要があるか．★

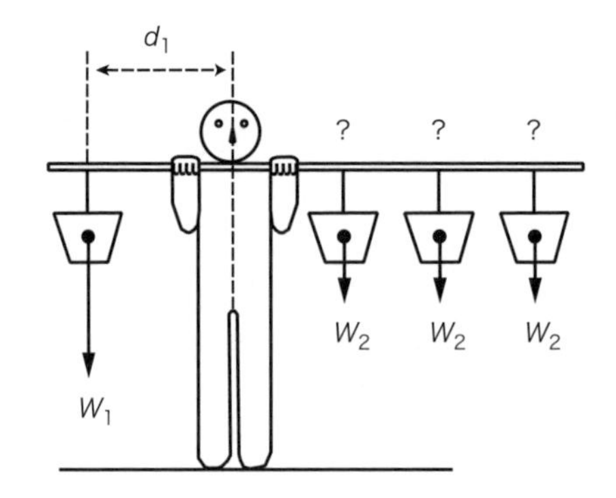

【問 6.22】 右腕を水平にして左腕を頭上に上げて立つヒトが，左腕を水平まで下げた（図）．この間，身体重心はどのように動くか．★

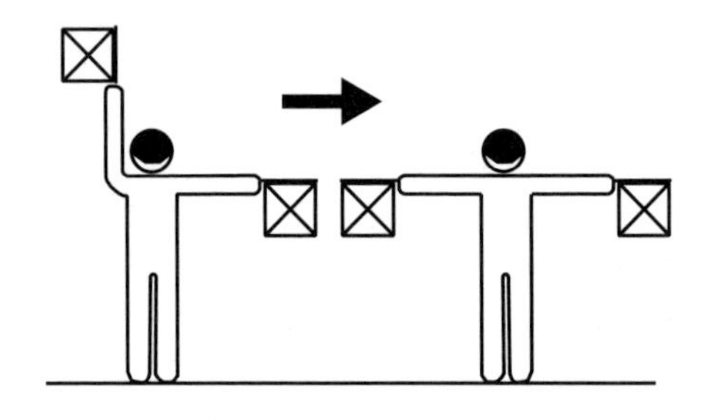

【問 6.23】 図はスプリンターの走動作の1コマである．作図法を用いて，頭(質量 5 [kg])，左上腕（3 [kg]），右前腕（2 [kg]），左大腿（10 [kg]），右下腿(5 [kg])の合成重心を求めて記入しなさい．なお，黒丸は各部の重心位置である．★★

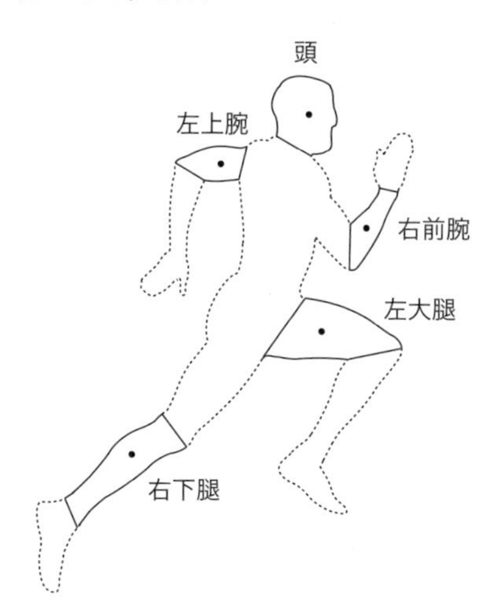

【問 6.24】 三つの物体の重心位置と質量が図のように測定されている．三つの物体の合成重心の座標値(X, Y)を求めなさい．★★

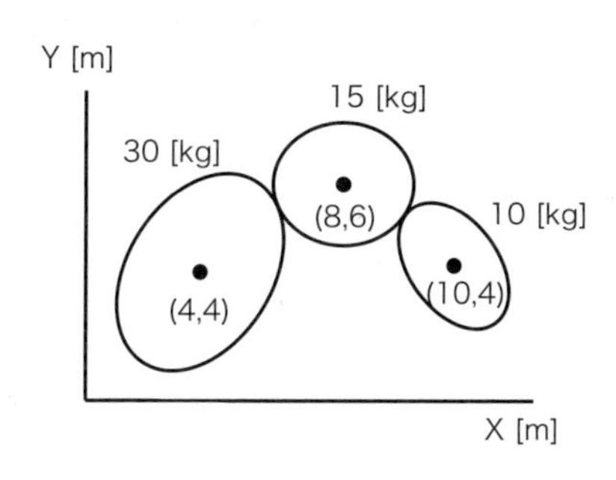

【問 6.25】 以下の条件で，あなたがターンテーブルにトルクを発揮したとき，正しいものはどれか

[1] トルクが大きければ，慣性モーメントが減少する

[2] トルクが大きければ，慣性モーメントが増加する

[3] トルクが大きければ，角加速度が減少する

[4] トルクが大きければ，角加速度が増加する

【問 6.26】 モーメントアーム＝(　　　)／力

[1] 質量　[2] 角運動量　[3] トルク

[4] 時間　[5] 角加速度　[6] 慣性モーメント

【問 6.27】 図に示す立ち幅跳びにおいて，6番と7番の間で腰と膝を曲げて跳んだ(J1とする）が，もし6番の姿勢を変えない，つまり腕と脚を伸展させたままで跳んだら，7番の「頭」の位置はJ1と比べてどうなるか．★

[1] 下方かつ左方向へ位置する

[2] 上方かつ右方向へ位置する

[3] 同じ

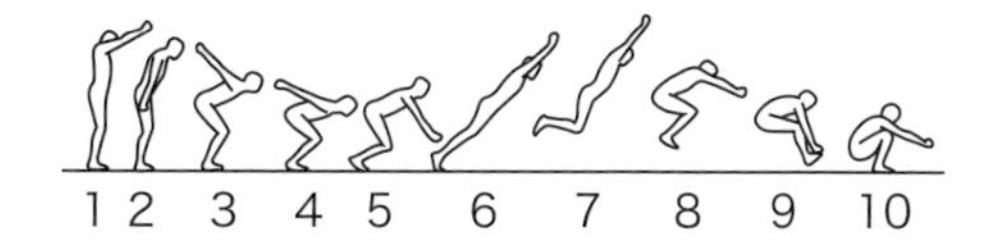

【問 6.28】 角運動量の単位は以下のどれか．

[1] kg・m²/s²　[2] kg・m²　[3] kg・m/s

[4] kg・m²/s　[5] N・m　[6] N・m・s

【問 6.29】 バレーボール選手がアタックするために右腕を上げ身体を後方へ反った後（図 a)，勢いよく腕を前・下方へ振ってボールをアタックした(図 b)．この結果，脚の動きはどうなるか．前方，後方，下方，上方で答えよ．

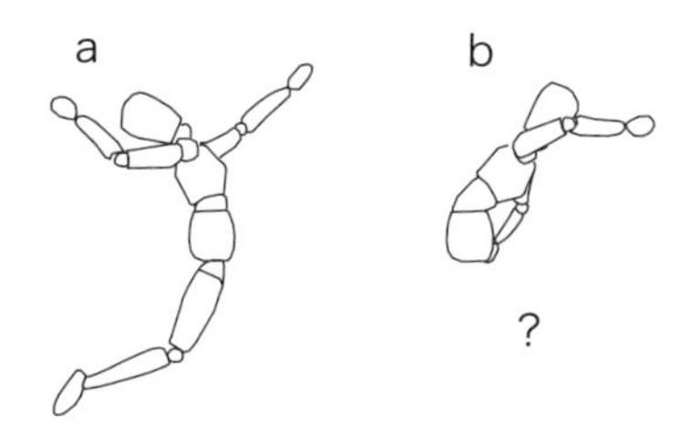

【問 6.30】 偶力は，物体を(　　)させる．

[1] 並進　　[2] 並進も回転も　　[3] 回転

【問 6.31】 ドアの蝶番から $d_1 = 0.33$ [m] の箇所で，$F_1 = 86$ [N] の力でドアを開けようとしているヒトと，$d_2 = 0.39$ [m] の箇所で，$F_2 = 68$ [N] の力でドアを閉めようとしているヒトがいる(図)．同時にドアを押すと，ド

アの開閉の状態はどうなるか．★

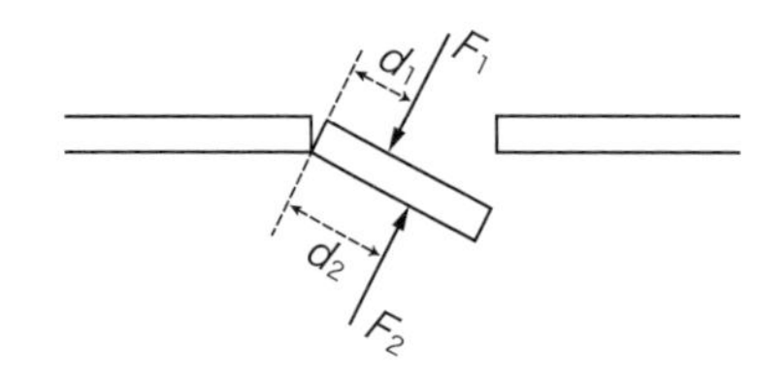

【問 6.32】選手が 40 kg の負荷（ダンベル）で膝の伸展トレーニングを行っている(図)．膝関節からダンベルまでの距離（d）は 0.35 m であり，鉛直線に対する角度（ϕ）は 37° であった．膝関節回りのダンベルによって発揮されるトルクはいくらか．★

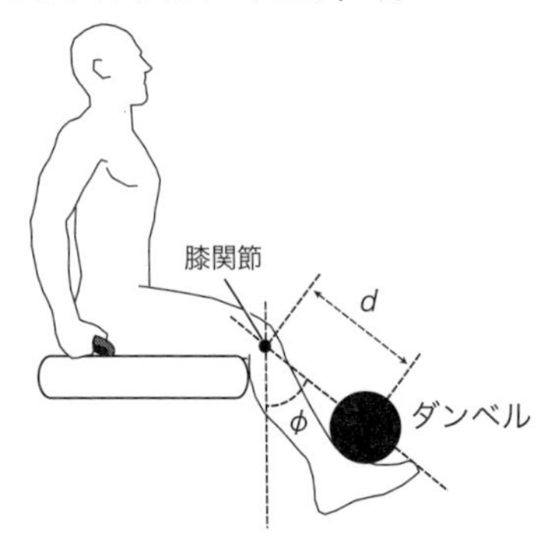

【問 6.33】水平板の上にヒトを仰向けに寝かせて一方の端に体重計を置いた(図)．ヒトの質量（m_p）が 65 kg であり，板の長さ（L）が 2 m であった．体重計の針は 345 N を指し，ヒトが板から降りたときは，その針は 45 N を指した．足元から身体重心までの距離を求めなさい．★★

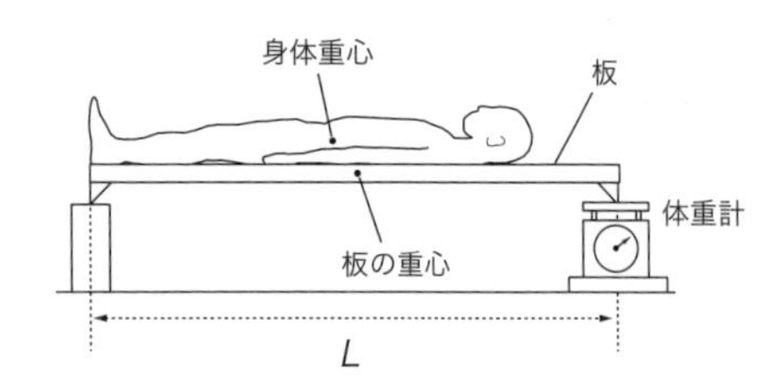

【問 6.34】角力積は(　　)と時間の積である．

[1] 力　　[2] 力のモーメント

[3] 角度　　[4] 角加速度

【問 6.35】飛び込み選手が踏切中に 450 N·m の力のモーメントを 0.14 秒間発揮して飛び板から離れた．その直後の選手の角運動量は 69 kg·m^2/s であった．選手が踏切に入る前にもっていた角運動量はいくらか．★★

【問 6.36】以下の記述のうち，どれが誤りか．なお，記号は角速度ω，角運動量 H，角力積 J，トルク T，慣性モーメント I，角加速度α，時間 t である．★

[1] J が大きいほど，H の変化が大きい

[2] 二つの物体の ω が同じ場合，I が大きい物体のほうが H が大きい

[3] J は T と t により決定される

[4] T が発揮されるとき，I が大きいほど，α は大きい

[5] T が発揮されるとき，H は変化する

【問 6.37】飛び込み選手が空中で角速度 8 rad/s，慣性モーメント 10 kg·m^2 で前方回転している．その後，姿勢を変化させて慣性モーメントが 2 kg·m^2 となった．この姿勢で選手が 1.5 回転するために要する時間はいくらか．★★

【問 6.38】飛び込み選手が伸身姿勢で，後方宙返りの角運動量(H)を得て飛び板から離れた(左図：後方から描写)．その直後，右腕を体側につけるために下げた(右図)．作用・反作用の法則で，選手が左へ傾いた．この後，選手の動きはどうなるか，説明しなさい．(ヒント：角運動量ベクトル，身体長軸と左右軸成分)★★

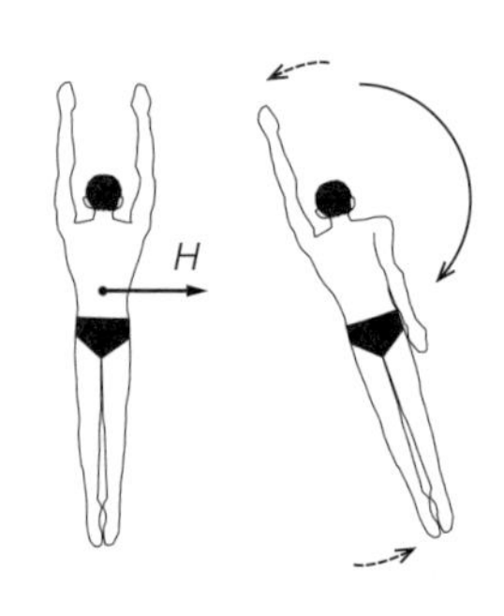

【問 6.39】あなたは飛び込み選手を前方からみている．選手は両腕を頭上に上げた伸身姿勢

で飛び板から離れた後，左腕を体側につけた．この後，選手の動きは以下のどれになるか．なお，空中において，選手の角運動量ベクトルはあなたからみて右方向に向いている．(図を描画して考えなさい)★★
[1] 前方宙返りひねり(右肩があなた側へ動く)
[2] 前方宙返りひねり（右肩があなたから反対側へ動く）
[3] 後方宙返りひねり(右肩があなた側へ動く)
[4] 後方宙返りひねり（右肩があなたから反対側へ動く）

【問 6.40】 角運動量は(　　)と角速度の積である．
[1] 質量　[2] モーメントアーム
[3] 慣性モーメント　[4] 力のモーメント

【問 6.41】 あなたは，摩擦のない回転椅子の上で両腕を広げて立っているヒトを上からみている．両腕を右回りに回すと，下半身は
[1] 右回りに回る　[2] 左回りに回る
[3] 回らない

【問 6.42】 図に示す立ち幅跳びにおいて，7 番の姿勢で腕を肩関節に対して時計回りにさらに強く回転させると，10 番で着地足の位置は，以下のどれになるか．なお，強く回転させない場合を J1 とする．(ヒント：作用・反作用の法則)★
[1] J1 よりも手前に着地する
[2] J1 よりも遠くに着地する
[3] 同じ

【問 6.43】 飛び込み選手が身体を丸めて後方宙返り(抱型)している．選手の慣性モーメントは 2 $kg \cdot m^2$ であり，この姿勢で選手が 3 回転するために要する時間を測ったら，0.95 秒であった．選手の角運動量はいくらか．★★

【問 6.44】 飛び込み選手が空中で後方宙返りをしようと試技に入った(図)．踏切中，飛び板によって選手に対して発揮された力の方向は以下のどれか．

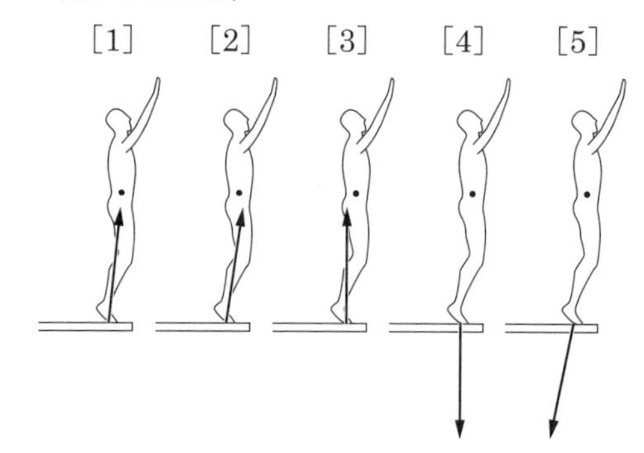

【問 6.45】 力のモーメントを慣性モーメントで除したパラメータは何か．
[1] 角度　[2] 角運動量
[3] 角加速度　[4] 角速度

【問 6.46】 トルクの単位を書きなさい．

【問 6.47】 図は体操選手が後方回転(バク転)をしているときに発揮される地面反力 (F) である．この回転を発生させるモーメントアームを描いた図は以下のどれか．

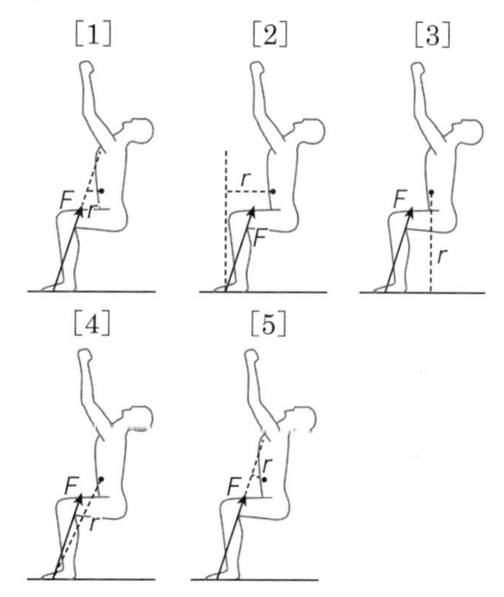

【問 6.48】 あなたはトレーニングマシンを用いてベンチプレスをしている（図）．負荷 W が 800 N であり，p が 0.55 m，d が 0.65 m であれば，あなたが両手で発揮する上向きの力はいくらか．★

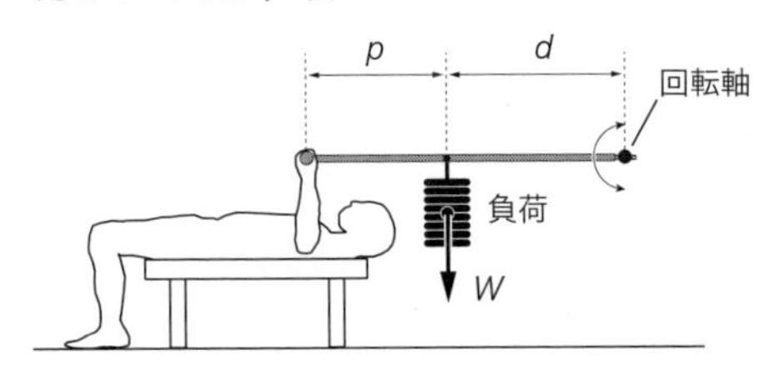

【問 6.49】 フィギュアスケート選手が身体の長軸回りに両腕を水平に広げて回っている．その後，両腕を身体の中心に近づけた．すると，選手の回転速度が急激に大きくなった．この理由は，選手が身体の角運動量を増加させたためである．

［1］○　［2］×

【問 6.50】 ヒトが地面から離地した後，身体の回転のスピードを変えることができる．

［1］○　［2］×

【問 6.51】 N·m·s の単位は何のパラメータか．

【問 6.52】 あなたは崖の端に立っており，バランスを崩してまさに崖から落ちようとしている（図）．あなたが崖から落ちないためには，両腕（グレー）を以下のどちらの方向に回したらよいか．★

［1］時計回り　［2］反時計回り

【問 6.53】 図は，飛び込み選手が空中局面（自由落下運動）において前方宙返りしている 2 時点の前屈姿勢（a, b：エビ型姿勢）と入水直前時点の伸身姿勢（c）を示したものである．黒丸（●）は身体重心であり，a, b の各線は重心と足首，c は重心と手首を結線したものである．以下の質問に答えなさい．なお，角度（°）は水面を基準に右方向を 0° として測りなさい．また，とくに指示しない限り，角度はラジアンで求めなさい．

① a と b の時点において，各姿勢が何度（°）であるか分度器を用いて測り，a と b の姿勢で何度（°）回転したのか求めなさい．

② a と b の 2 時点間の時間が 0.18 秒であった．この間の選手の角速度（ω）はいくらか．★

③ a と b の 2 時点間のエビ型姿勢において，選手の慣性モーメント（I）が 1.8 kg·m^2 であった．この間の選手の角運動量（H）はいくらか．★

④ c の時点において，入水の準備に入るために，選手はエビ型姿勢から伸身姿勢に変えて，選手の慣性モーメント（I）が 9.4 kg·m^2 となった．選手の角速度（ω）はいくらか．★★

⑤ c の時点において，入水まで 0.34 秒に迫った．選手の慣性モーメントは 9.4 kg·m^2，つまりこの伸身姿勢を保った状態で入水し

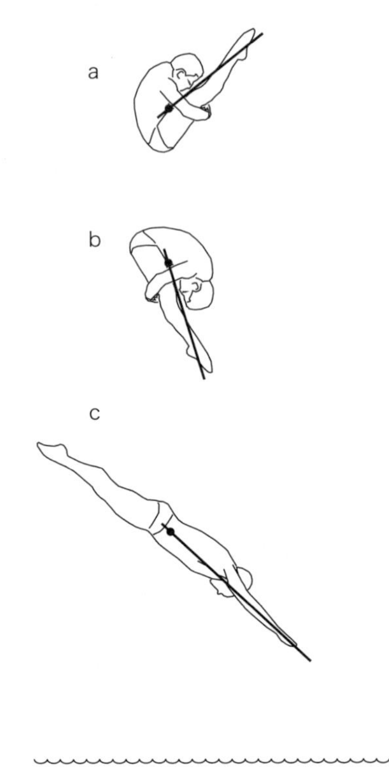

たとしたら，選手の入水姿勢は何度（°）になるか（水面に垂直の場合：$\theta = 90°$，回転不足の場合：$\theta < 90°$，過回転の場合：$\theta > 90°$）．なお，c の上体の姿勢角（重心と手首の結線）が初期値である．★★★

⑥ ⑤の答えから，入水姿勢が 90° ではない場合，どうすれば入水姿勢を 90° にできるか，答えなさい．★★★

【問 6.54】 あなたがコーチをする飛び込み選手は，前方宙返りにおいて常に過回転で入水する．この技術的問題を修正するためには，★★

[1] 踏切中に得たトルクを減少させる
[2] 飛び板から離れた後，身体の慣性モーメントを減少させる
[3] 飛び板から離れた後，身体の角速度を増加させる
[4] 飛び板から離れた後，身体の角運動量を減少させる

【問 6.55】 画像（化学同人ホームページhttps//www.kagakudojin.co.jp/book/b492795.html）は，棒高跳選手のバークリアランス試技の１コマの画像である．身体を 14 個の部分（剛体）からなるシステムとみなし，座標計算法を使用して，この姿勢における身体重心位置を求めなさい．なお，詳細は「画像を用いたヒトの身体重心の算出法」（p.72 ～ 76）の説明を読みなさい．★★

第7章　仕事，エネルギー，パワー

《要　点》

1. エナジェティクスとは

時間経過に伴う物体の運動の変化の原因を追究するキネティクス領域の一部

2. エナジェティクス変量

並進運動（第5章）と回転運動（第6章）で扱ったキネティクス変量はいずれも**ベクトル量**であったが，エナジェティクスでは以下の**スカラー量**を扱う．

① **仕事**（W）[J：ジュール]：力が物体に作用すると仕事を行う（図7.1）．力×動いた方向の距離（並進）．トルク×動いた方向の角度（回転）．正・負の仕事．次式により算出される．

並進による仕事：力ベクトルと変位ベクトルの内積

$$\boldsymbol{F}\cdot\boldsymbol{s} = |\boldsymbol{F}||\boldsymbol{s}|\cos\theta \qquad \text{式(7.1a)}$$

回転による仕事：トルクベクトルと角変位ベクトルの内積

$$\boldsymbol{T}\cdot\boldsymbol{\theta} = |\boldsymbol{F}||\boldsymbol{\theta}|\cos\theta \qquad \text{式(7.1b)}$$

② **力学的エネルギー**（E）[J]：仕事を行う能力（図7.2～図7.5）．次式により算出される．

【質点の場合】

$$E = \text{位置エネルギー}(E_p) + \text{運動エネルギー}(E_K) = mgh + \frac{1}{2}mv^2$$

【剛体の場合】

$$E = \text{位置エネルギー}(E_p) + \text{並進運動エネルギー}(E_t) + \text{回転運動エネルギー}(E_r)$$

$$= mgh + \frac{1}{2}mv^2 + \frac{1}{2}I\omega^2$$

☞ 剛体の場合，h は物体の重心の高さ，v は重心の速度，ω は重心回りの角速度となる．

③ **パワー**（P）[W：ワット]：単位時間あたりの仕事（仕事率）．仕事／時間．正・負のパワー（図7.8）．次式により算出される．

並進によるパワー：力ベクトルと速度ベクトルの内積

$$\boldsymbol{F}\cdot\boldsymbol{v} = |\boldsymbol{F}||\boldsymbol{v}|\cos\theta \qquad \text{式(7.23b)}$$

回転によるパワー：トルクベクトルと角速度ベクトルの内積

$$\boldsymbol{T}\cdot\boldsymbol{\omega} = |\boldsymbol{F}||\boldsymbol{\omega}|\cos\theta \qquad \text{式(7.23c)}$$

3. 仕事，力学的エネルギー，パワーの関係

仕事 ➡ 力学的エネルギーの変化分またはパワーの時間積分値

力学的エネルギー ➡ パワーの時間積分値

パワー ➡ 仕事または力学的エネルギーの時間微分値

4. 力学的エネルギーの保存の法則

「力が物体に作用しない，作用しても仕事がゼロ，あるいは**保存力**しか作用しない場合は，

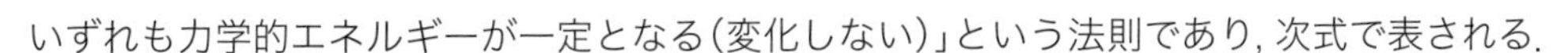

いずれも力学的エネルギーが一定となる（変化しない）」という法則であり，次式で表される．

$$E = mgh_1 + \frac{1}{2}mv_1{}^2 = mgh_2 + \frac{1}{2}mv_2{}^2 = \text{一定} \qquad \text{式(7.10)}$$

保存力：始点と終点の位置が決まれば，それによって仕事も決まるような力．例，重力（図7.4），ばねの弾性力

非保存力：保存力ではない力．例，摩擦力，流体の抵抗力，張力

☞ 代表例：自由落下運動．　$mgh = \frac{1}{2}mv^2 \Rightarrow h = \frac{v^2}{2g}$，　$v = \sqrt{2gh}$

5. 衝突と力学的エネルギーの保存（図 7.7）

二つの物体間の衝突における**反発係数**（e）の算出式：

$$e = \left|\frac{v_1' - v_2'}{v_1 - v_2}\right| = -\frac{v_1' - v_2'}{v_1 - v_2} \quad (0 \leqq e \leqq 1) \qquad \text{式(7.21)}$$

ここで，v_1，v_2 はそれぞれ衝突前の物体 1 および 2 の速度，v_1'，v_2' はそれぞれ衝突後の物体 1 および 2 の速度．物体 2 が地面や壁であれば，その速度はゼロ．

完全弾性衝突（$e = 1$）の場合：衝突前後において，二つの物体間のエネルギーの総和は変わらない．エネルギーが保存される．

不完全弾性衝突（$e < 1$）の場合：衝突前後において，二つの物体間のエネルギーの総和が減少する．エネルギーが保存されない．失われたエネルギーは音や熱エネルギーなどに変わる．

☞ 代表例：野球のバットやゴルフのクラブとボールのインパクト現象

6. エネルギー変換（図 7.10）

6.1 **エネルギー連鎖**：光エネルギー ➡（生理学：動植物）化学的エネルギー ➡（力学：動物）位置エネルギー／弾性エネルギー ➡ 運動エネルギー ➡ 振動エネルギー ➡ 音エネルギー ➡ 熱エネルギー

6.2 **力学的効率**（η：イータ）[%]：出力（仕事，パワー）／入力（エネルギー，パワー）× 100

$$\eta = \frac{W_{output}}{W_{input}} \times 100 = \frac{P_{output}}{P_{input}} \times 100 \qquad \text{式(7.25)}$$

☞ 入力：機械 ➡ 燃料（ガソリンなど），生物 ➡ 消費された生理的エネルギー（酸素消費量）

☞ **弾性エネルギー**：ばねやゴム，腱などの**弾性体**に外力を作用させることにより発生するエネルギー

代表例：カンガルーのホッピング（図 7.12）．着地により**アキレス腱**に弾性エネルギーを蓄える ➡ そのエネルギーを跳び出すときに利用する ➡ 筋のエネルギー消費を抑え，他の動物にはみられない高効率の移動運動を実現している！

【問 7.1】 エナジェティクスは運動が変化する原因を究明するキネマティクス領域の一部である．

[1] ○　　[2] ×

【問 7.2】 エナジェティクスで扱う変量はすべてベクトル量である．

[1] ○　　[2] ×

【問 7.3】 並進運動エネルギーの単位は J であるが，これは以下のどの組立単位を示したものか．

[1] kg・m/s　[2] kg^2・m/s

[3] kg・m^2/s　[4] kg・m^2/s^2

【問 7.4】 走り高跳び選手が踏切からバーを飛び越えるまでの力学的エネルギーの変化は以下のどれか．★

[1] 位置エネルギーを失いつつ運動エネルギーを得る

[2] 運動エネルギーを失いつつ位置エネルギーを得る

[3] 運動エネルギーは一定であり位置エネルギーを得る

[4] 位置エネルギーは一定であり運動エネルギーを得る

[5] 位置エネルギーも運動エネルギーも失う

【問 7.5】 $(mv^2)/2$ とは何か．

[1] 位置エネルギー

[2] 回転運動エネルギー

[3] 弾性エネルギー

[4] 並進運動エネルギー

【問 7.6】 鳥を撃ち落とすために，猟師が弓矢を引いて，矢を放ったが，外れた．この一連の動作におけるエネルギー変換は以下のどれか．★

[1] 弾性 ➡ 化学的 ➡ 運動 ➡ 位置

[2] 位置 ➡ 化学的 ➡ 運動 ➡ 弾性

[3] 位置 ➡ 弾性 ➡ 運動 ➡ 位置

[4] 化学的 ➡ 位置 ➡ 運動 ➡ 弾性

[5] 化学的 ➡ 弾性 ➡ 運動 ➡ 位置

【問 7.7】 ウェイトリフターが質量 100 kg のバーベルを 2 m の高さまでもち上げた．バーベルの位置エネルギーはいくらか．★

【問 7.8】 質量 145 g のボールを，162 km/h の速度で投げ出したときのボールの並進運動エネルギーを求めよ．★

【問 7.9】 野球の投手がボールを投げるとき，ワインドアップ開始からボールを投げ出すまでの正味のエネルギー変換は以下のどれか．★

[1] 運動 ➡ 熱　[2] 運動 ➡ 弾性

[3] 位置 ➡ 弾性　[4] 弾性 ➡ 運動

[5] 化学的 ➡ 運動

【問 7.10】 ウェイトリフターが床からバーベルをもち上げ，最大挙上した後，床へ落とした．この間のエネルギー変換過程はどれか．なお，リフターが最も低い姿勢を取った時点を開始時点とし，バーベルを落としてバーベルが静止した時点を終了時点とする．★

[1] 位置 ➡ 運動 ➡ 化学的 ➡ 位置 ➡ 熱

[2] 化学的 ➡ 運動 ➡ 弾性 ➡ 熱 ➡ 位置

[3] 化学的 ➡ 弾性 ➡ 運動 ➡ 位置 ➡ 熱

[4] 弾性 ➡ 運動 ➡ (位置＋化学的) ➡ 運動 ➡ 熱

[5] 化学的 ➡ (運動＋位置) ➡ 位置 ➡ 運動 ➡ 熱

【問 7.11】 以下のうち，保存力はどれか．

[1] 摩擦力　[2] ばねの弾性力　[3] 抵抗力

[4] 重力　[5] [1] と [3]　[6] [2] と [4]

【問 7.12】 トランポリン選手がトランポリン上で連続ジャンプをしている．トランポリン選手の運動エネルギーが最大となる時点は以下のどれか．★

[1] 重心が最も低い時点と最も高い時点の半分の時点

[2] 重心が最も高い時点

[3] 重心が最も低い時点

[4] 足がトランポリンの面から離れた時点

【問 7.13】【問 7.12】において，トランポリン選手の弾性エネルギーが最大となる時点はどれか．

【問 7.14】 野球のバットとボールの衝突現象において，失われたバットのおもなエネルギーは以下のどれか．
[1] 位置エネルギー　[2] 並進運動エネルギー
[3] 回転運動エネルギー　[4] 弾性エネルギー
[5] 化学的エネルギー　[6] 熱エネルギー

【問 7.15】 完全弾性衝突は存在する．
[1] ○　[2] ×

【問 7.16】 棒高跳び選手がポールをボックスへ入れる直前の走動作から，バー上の最大高に達した時点までのエネルギー変換の過程は以下のどれか．★
[1] 運動 ➡ 位置 ➡ 弾性 ➡ 運動
[2] 運動 ➡ 弾性 ➡ 運動 ➡ 位置
[3] 位置 ➡ 弾性 ➡ 位置 ➡ 運動
[4] 位置 ➡ 運動 ➡ 弾性 ➡ 位置
[5] 弾性 ➡ 位置 ➡ 運動 ➡ 位置

【問 7.17】 質量 0.25 kg のボールを床に落とした．衝突直前のボールの速さが 10.4 m/s，衝突直後の速さが 6.5 m/s であった．ボールと床の反発係数はいくらか．★

【問 7.18】 運動中に摩擦力や抵抗力などが働かなければ，力学的エネルギーが保存され，その運動を永遠にし続ける．
[1] ○　[2] ×

【問 7.19】 mgh とは何か．
[1] 位置エネルギー　[2] 回転運動エネルギー
[3] 弾性エネルギー　[4] 並進運動エネルギー

【問 7.20】 第 5 章【問 5.67】の問題（p.37）について，力学的エネルギーの保存の法則を使って求めなさい．★★

【問 7.21】 以下の記述のうち，どれが誤りか．
[1] 重力は保存力である
[2] パワーは仕事率である
[3] エネルギーはスカラー量である
[4] 負の仕事では，力と運動は互いに同じ方向にある
[5] いずれも誤りである

【問 7.22】 トランポリン選手がトランポリン上で連続ジャンプしている．この間のエネルギーの変換サイクルは以下のどれか．★
[1] 位置 ➡ 弾性 ➡ 運動 ➡ 弾性 ➡ 位置
[2] 弾性 ➡ 位置 ➡ 弾性 ➡ 運動 ➡ 弾性
[3] 運動 ➡ 弾性 ➡ 位置 ➡ 運動
[4] 弾性 ➡ 運動 ➡ 位置 ➡ 運動 ➡ 弾性
[5] 位置 ➡ 弾性 ➡ 位置 ➡ 運動 ➡ 位置

【問 7.23】 時刻 t_1 から t_2 までなされた仕事は，その時間の力学的エネルギーの変化と同値である．
[1] ○　[2] ×

【問 7.24】 高さ 1.5 m からボールを道路に落としたら，道路に衝突して跳ね返り，高さ 1.2 m まで上がった．ボールと道路の反発係数はいくらか．また，2 回目に跳ね返ったときの高さを求めよ．（ヒント：エネルギーの保存則，反発係数の算出式）★★

【問 7.25】 体操選手が鉄棒で大車輪をしている．選手の位置エネルギーが最大となる時点は以下のどれか．
[1] 鉄棒バーの右斜め上方 45°
[2] 鉄棒バーの左斜め上方 45°
[3] 鉄棒バーの真横
[4] 鉄棒バーの真上
[5] 鉄棒バーの真下

【問 7.26】【問 7.25】において，選手の運動エネルギーが最大となる時点はどれか．

【問 7.27】$(I\omega^2)/2$ とは何か．

[1] 位置エネルギー　[2] 回転運動エネルギー
[3] 弾性エネルギー　[4] 並進運動エネルギー

【問 7.28】野球のボールをグローブで捕球してから球を静止させるまでのエネルギー変化は以下のどれか．★

[1] 位置 ➡ 弾性　[2] 弾性 ➡ 運動
[3] 運動 ➡ 熱　[4] 化学的 ➡ 運動
[5] 運動 ➡ 弾性

【問 7.29】以下に示すインパクト直前の速度条件で，投手により投じられた質量 0.15 kg のボールと打者により角加速された質量 0.90 kg のバットヘッドが正面衝突した（図）．この条件において，以下の問いに答えなさい．

・ボール速度($v_{1\text{-ball}}$)：45 [m/s]，左向き
・バットヘッド速度（$v_{1\text{-bat}}$）：30 [m/s]，右向き

① インパクト直後（衝突後）のボール速度（$v_{2\text{-ball}}$）とバットヘッド速度（$v_{2\text{-bat}}$）を求め，両者はどの向きに進むのか答えよ．ただし，反発係数を 0.35 とする．（ヒント：運動量の保存則，反発係数の算出式，連立方程式）★★★

② 衝突前後の力学的エネルギーの変化量を求めよ．★★

③ 衝突によってボールからバットが受けた力積とその向き，バットからボールが受けた力積とその向きを求めよ．★★

インパクト直前

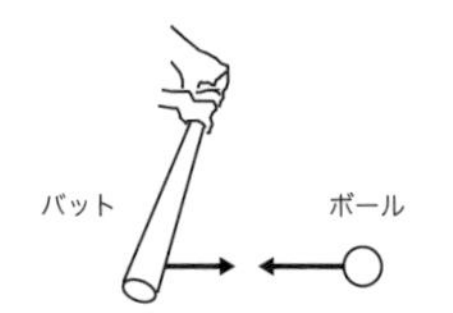

インパクト直後

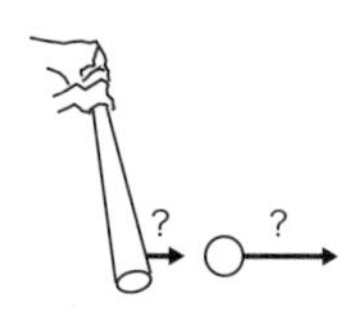

$v_{1\text{-bat}}$=30 [m/s]　$v_{1\text{-ball}}$=−45 [m/s]　$v_{2\text{-bat}}$=? [m/s]　$v_{2\text{-ball}}$=? [m/s]

【問 7.30】【問 7.29】の問題において，インパクト直前の速度条件が同じで，インパクト直後の速度を測定したら，以下であった．反発係数を求めよ．★★

・ボール速度($v_{2\text{-ball}}$)：39 [m/s]，右向き
・バットヘッド速度（$v_{2\text{-bat}}$）：17 [m/s]，右向き

【問 7.31】二つのボール A と B を異なる高さから床に落とし，跳ね返った高さを測定した．ボール A と B を落とした高さはそれぞれ 2.0 m と 1.5 m，跳ね返った高さはそれぞれ 1.75 m と 1.35 m であった．どちらのボールの反発係数が大きいか．（ヒント：自由落下運動，力学的エネルギーの保存則）★

[1] ボール A　[2] ボール B

【問 7.32】以下のうち，誤りはどれか．

[1] 骨格筋は筋収縮（活動）により化学的エネルギーを力学的エネルギーに変換している
[2] 力学的効率は入力／出力の比である
[3] エネルギー変換における最低位のエネルギーは熱エネルギーである
[4] 人体筋の力学的効率に 25 〜 50％の幅があるのは，短縮性と伸張性収縮の場合で効率値が異なるためである
[5] 身体運動における力学的効率計算では，一般に入力の化学的エネルギーとして酸素消費量を利用している
[6] いずれも誤りである

【問 7.33】バイオメカニクス（研究）では，一般に「仕事とエネルギーの方法」は「運動量と力積の方法」よりも(　　　)．

[1] 有用性が高い　[2] 有用性が低い
[3] どちらも同じである

第8章　流体力：空気や水による力

《要　点》

1. 流体力学とは

流体の静止や運動状態，また，流体がその中にある物体に及ぼす力の影響などについて研究する科学

2. 物質の3態

固体，液体，気体 ➡ **液体**と**気体**を合わせて**流体**と呼ぶ．気体も液体も密度が異なるだけで，同じ流体力学的原理を適用できる．

密度(D) [kg/m^3]：物質 1 m^3 あたりの質量．質量／体積　$D = \dfrac{M}{V}$

3. アルキメデスの原理─浮力と浮心

「流体の中にある物体は，その流体が押しのけた流体の重量(W)に等しい大きさの**浮力**を，鉛直上向きに受ける」という原理(図 8.1)．

3.1 **物体が水に浮く条件**：a) 重力＜浮力，b) **比重**＜1

☞ **比重**：物体(物質)が浮くか否かは重力と浮力の関係，すなわち**比重**で決まる．**比重**とは水の質量を1とした場合の物質の相対的な質量であり，**密度**にほぼ等しい．無次元量．水の比重 1．海水の比重 1.024 (24℃時)

$$\text{比重の算出式：比重} = \frac{\text{物質の質量}}{\text{同体積の水の質量(ただし 4℃)}} \fallingdotseq \text{密度}$$

3.2 **ヒトの身体器官の比重**：脂肪 ➡ 約 0.9，筋 ➡ 約 1.1，骨 ➡ 約 1.5～2.0，肺(吸気時) ➡ 0.126

3.3 **ヒトが水に浮く条件**：男性／肺(吸気) ➡ ほとんど浮く，肺(呼気) ➡ 全員沈む，女性／肺(吸気) ➡ 全員浮く，肺(呼気) ➡ ほとんど沈む(表 8.1)

3.4 **浮心**：浮力が作用する点．通常身体重心よりも頭側にある(図 8.2)

☞ 浮き身(あおむけ)のコントロール(図 8.2)：両腕を頭上に伸ばすことによって身体重心が浮心に近づく ➡ モーメントアームが小さくなり足が沈みにくくなる！

4. 流体力

4.1 **抗力と揚力**

抗力(F_D)：物体の運動方向とは逆方向(流体の流れの方向)に作用する抵抗力〔式(8.2)〕

揚力(F_L)：抗力に対して直交する方向に作用する力〔式(8.3)〕

$$F_D = \frac{1}{2}\rho C_D S V^2 \quad \text{式(8.2)}, \qquad F_L = \frac{1}{2}\rho C_L S V^2 \quad \text{式(8.3)}$$

ここで，C_D：抗力係数，C_L：揚力係数，ρ：流体の密度，S：投影面積，V：物体と流体の相対速度

☞ 両式から抗力も揚力も速度の 2 乗（2 倍ではない！）で影響を受ける．たとえば，水の中で手を速く動かせば動かすほど，より大きな力(抗力)を手のひらに感じる．これは，指数関数的に力が増大するためである．

☞ 抗力を小さくするには？ ➡ 抗力係数や流体の密度は環境に依存して変えることができないので，投影面積をできるだけ小さくするとよい(例，アルペンスキー ➡ “卵形” の姿勢)．

☞ 代表例：水泳の腕をかく手(図 8.4)，円盤投げの飛行する円盤

4.2 層流と乱流

物体の形状, 表面の粗さ, 運動状態(回転), 流速などにより，さまざまな流れに変化する(図 8.3)

層流：流速が小さい状態で生じる乱れが少ない流れ ➡ 球体型・流体型で滑らかな面／抗力小

乱流：流速が大きい状態で生じる乱れが多い流れ（**境界層剥離**）➡ 球体型で滑らかな面／抗力大．球体型で粗い面／抗力小(例，ゴルフボールのディンプル)．

4.3 ベルヌーイの定理—非回転物体の場合

流体の速度と圧力との関係を数量的に表した定理(図 8.6)〔式(8.4)〕．

$$\frac{V^2}{2} + \frac{P}{\rho} + gh = \text{一定} \qquad \text{式(8.4)}$$

ここで，V：流体の速度，ρ：流体の密度，P：静圧（圧力），g：重力加速度，h：流体が流れている高さ

☞ **完全流体**（粘性がない流体）では**流速小 ➡ 圧力大**，**流速大 ➡ 圧力小**となる．圧力大から圧力小の向きに**揚力**が発生する(図 8.7)．

☞ 代表例：飛行機の翼，ヨットの帆(図 8.8)

4.4 マグヌス効果—回転物体の場合

回転しながら進む物体に対して進行方向に直交する方向に力（**マグヌス力**と呼ぶ）が作用する効果(図 8. 9)．

☞ 代表例：野球の直球 ➡ バックスピンでマグヌス力が上向きに発生する ➡ 重力に逆らって落ちにくい．カーブなど ➡ トップスピンでマグヌス力が下向きに発生 ➡ 重力との相乗効果でよく落ちる！ その他，卓球やテニスサーブなどの打球

【問 8.1】 流体力学とは流体の静止や運動状態，また，流体がその中にある物体に及ぼす力の影響などについて研究する科学である．

[1] ○　[2] ×

【問 8.2】 物質の 3 態とは何か．

[1] 液体，固体，剛体　[2] 固体，気体，身体

[3] 気体，固体，液体　[4] 天体，固体，液体

【問 8.3】 比重が最も大きい身体器官は以下のどれか．

[1] 筋　[2] 骨　[3] 肺(吸気時)　[4] 脂肪

【問 8.4】 揚力の算出式において，S は何か．

[1] 揚力係数　[2] 抗力係数　[3] 流体の密度

[4] 投影面積　[5] 物体と流体の相対速度

【問 8.5】 密度の算出式：密度 ＝ 質量／(　)．(　)のパラメータは以下のどれか．

[1] 面積　[2] 内積　[3] 体積　[4] 外積

【問 8.6】 比重が 1 よりも小さい物体は沈む．
［1］○　［2］×

【問 8.7】 あなたは上方からみて右方向へ進み，左回りに回転しているボールをみている．ボールの進行方向に対してボールはどちらに進むか．ただし，流体力を無視しないとする．★
［1］右　［2］左
［3］どちらでもなくまっすぐ進む

【問 8.8】 筋は水に浮く．
［1］○　［2］×

【問 8.9】 浮力が作用する点を何と呼ぶか．
［1］力点　［2］重心　［3］支点　［4］浮心

【問 8.10】 揚力は流れの方向へ作用する力である．
［1］○　［2］×

【問 8.11】 水中において，一般に肺の中に空気を満たした女性は全員浮く．
［1］○　［2］×

【問 8.12】 ヨットは，抗力と揚力によって風上に向かってまっすぐに進むことができる．
［1］○　［2］×

【問 8.13】 流体力の効果を無視しないとすると，トップスピンをしているボールは，★
［1］無回転のボールよりも滞空時間が短くなる
［2］無回転のボールよりも滞空時間が長くなる
［3］滞空時間に対する効果はない

【問 8.14】 浮き身（あおむけ）がうまくできず，脚が沈んでしまう初心者に対する以下の技術的修正点のうち，もっとも正しいものはどれか．★
［1］両腕を体側に添えさせる
［2］両腕を頭上に伸ばさせる
［3］両腕を沈めさせる
［4］両腕を横に伸ばさせる

【問 8.15】 境界層の剥離点が後退するほど，抗力が小さくなる．
［1］○　［2］×

【問 8.16】 水中において，一般に肺の中に空気を目いっぱい吸い込んだ男性のうちの何人かは沈む．
［1］○　［2］×

【問 8.17】 スポーツにおいて，以下のパラメータのうち，アスリートが変化させうるものはどれか．
［1］揚力係数　［2］抗力係数　［3］流体の密度
［4］投影面積　［5］物体と流体の相対速度

【問 8.18】 ボールにトップスピン（図では反時計回り）の回転を与えるためには，ラケット面をどのようにボールに当てればよいか．以下の図で答えよ．なお，矢印はラケットを動かす方向とする．★
［1］A　［2］B

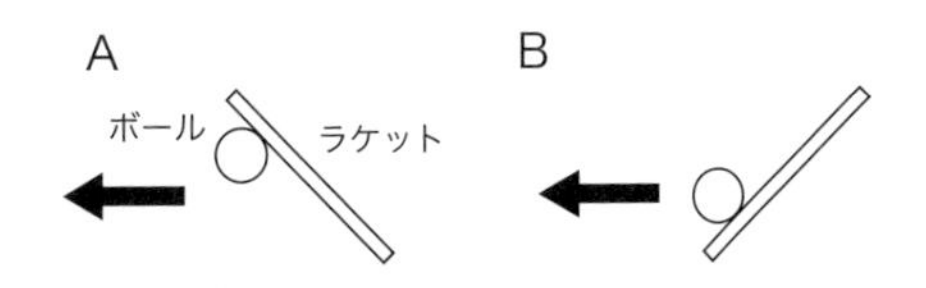

【問 8.19】 体積が 62 ℓ で，体重が 625 N の男性は水に浮かぶ．★
［1］○　［2］×

【問 8.20】 クロール泳法において，体幹を水平にして泳ぐ方向へ向けるのはなぜか．
［1］息継ぎで頭に発生する抵抗力を小さくするため
［2］体幹へ作用する抵抗力を小さくするため
［3］両腕によって発揮する推進力を大きくする

ため

[4] 両脚によって発揮する推進力を大きくするため

【問 8.21】 手を速度 v で矢印の向きに動かした(図). 手に生じる揚力(F_L)と抗力(F_D)の向きは以下のどれか. ★

[1]　[2]　[3]　[4]　[5]

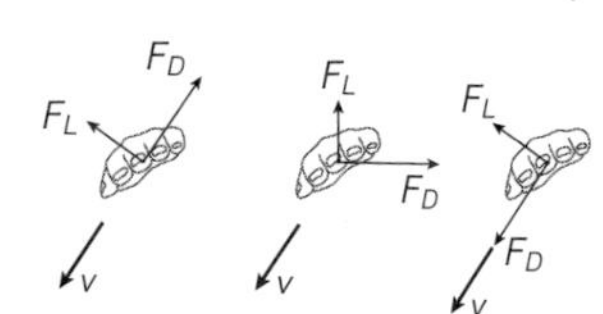

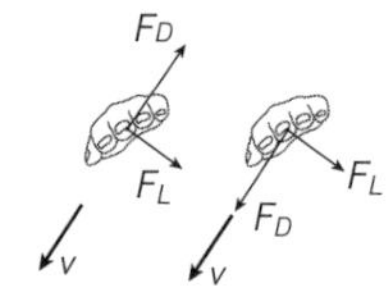

【問 8.22】 あなたはトップスピンの回転をして, 左向きに飛んでいるボールを真横からみている. ボールの下面の流速と圧力の状態は以下のどれか. ★

[1] 流速大・圧力大　[2] 流速大・圧力小
[3] 流速小・圧力大　[4] 流速小・圧力小

【問 8.23】 回転する物体に対して流れの方向に作用する力をマグヌス力と呼ぶ.

[1] ○　[2] ×

【問 8.24】 揚力は圧力が大きいほうから小さいほうへ発生する.

[1] ○　[2] ×

【問 8.25】 物体の表面では粘性の影響により流速は大きくなる.

[1] ○　[2] ×

【問 8.26】 境界層はボールの表面が滑らかなボールよりも, 凹凸状のボールのほうが剥離しにくい.

[1] ○　[2] ×

【問 8.27】 ベルヌーイの定理(完全流体)において, 流体の速度が 2 倍になれば, 静圧はいくらになるか.

[1] 1/2　[2] 1/4　[3] 1/6　[4] 1/8

【問 8.28】 無回転ボールが揺れながら飛んでいくのはマグヌス力が作用するためである.

[1] ○　[2] ×

【問 8.29】 円盤投げ選手が円盤を同じ速度で投げたとき(図), 以下のうちのどの条件がもっとも投てき距離が大きくなると考えられるか. なお, 円盤はいずれも[1]の図の矢印(➡)の方向に投げられ, またもう一つの矢印(→)は円盤の運動方向に対する風の向きである. (ヒント：揚力と抗力の向きを考えよ)★

[1]　[2]　[3]　[4]　[5]

【問 8.30】 ゴルフボールのディンプルのおもな効果は,

[1] マグヌス効果を小さくするためである
[2] ボールの回転を増加させるためである
[3] ボールの回転を抑えるためである
[4] 抗力を小さくするためである

【問 8.31】 水中にある物体はその重さと等しい上方力を受ける.

[1] ○　[2] ×

【問 8.32】 ボディビルダーは一般の人よりも,

[1] 浮きやすい　[2] 浮きにくい
[3] 浮きやすさ・しにくさの程度は同じである

【問 8.33】 図は左方向に走行中のレーシングカーのエアロパーツに発生する揚力(F_L)と抗力(F_D)の向きを示したものであるが, 以下のどれが正しいか. なお, F_R は合力である. ★

[1]　[2]

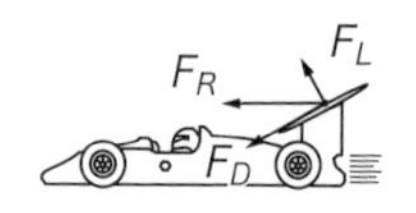

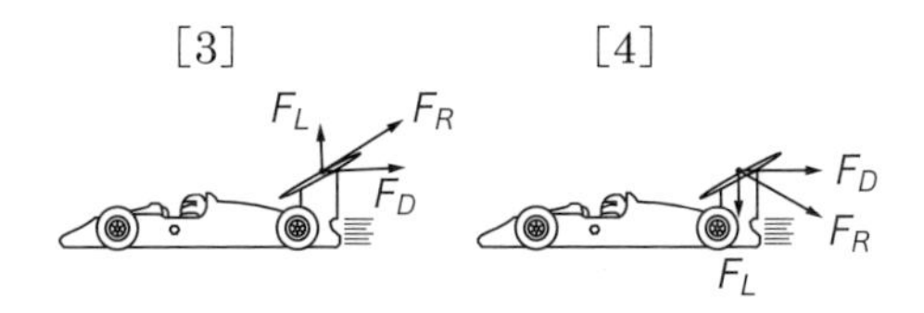

【問 8.34】両腕を体側につけて浮き身（あおむけ）の姿勢をしているヒトの浮心は，

[1] 身体重心よりも脚側にある
[2] 身体重心よりも頭側にある
[3] 身体重心と一致する

【問 8.35】以下のボールが水平方向に同じ速さで飛行している．どのボールが最も抗力が大きいか．

[1] 野球ボール　[2] ソフトボール
[3] バスケットボール　[4] ピンポン球
[5] ビー玉

【問 8.36】フリーキックにおいて，サッカー選手がゴールの右隅に目がけて点線の曲線に示す軌道（図 A）でシュートをしたいと考えている．選手は，ボールのどこ（図 B：a，b，c，d，e）をキックしたらよいか．★

[1] a　[2] b　[3] c　[4] d　[5] e

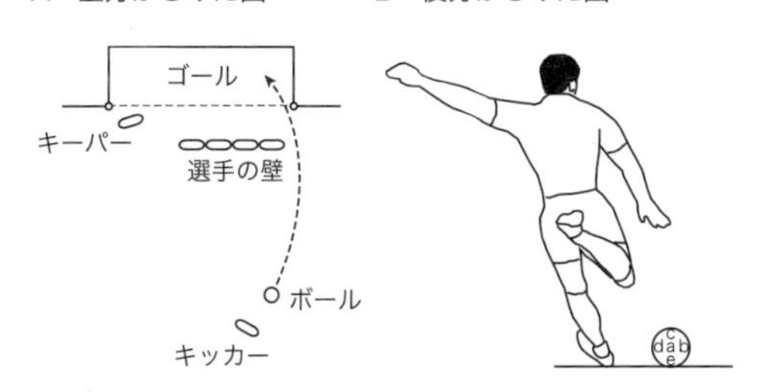

【問 8.37】ウォータースキー中において，水によってヒトとスキーのシステムに対して発揮される力は，★

[1] 上方力　[2] 前方力
[3] 上方力と前方力　[4] 上方力と後方力
[5] 下方力　[6] 前方力と後方力

【問 8.38】一般に男性は女性よりも浮きやすい．

[1] ○　[2] ×

【問 8.39】A のヒトは B のヒトと同じ体積をもつが，密度が大きい．これは以下の何を意味するか．★

[1] A は B よりも重い
[2] A は B よりも浮きやすい
[3] 両者を五右衛門風呂に入れ完全に水に沈めた場合，A は B よりもより多くの水があふれ出る
[4] [1]と[2]の両方
[5] [2]と[3]の両方

【問 8.40】肥満のヒトは痩せているヒトよりも

[1] 浮きにくい　[2] 浮きやすい
[3] 浮きにくさの程度は同じである

【問 8.41】上からみて，左投げのボウリング選手がボールの左端に力を作用させてボールをレーンに投げた．その結果，投げられたボールは時計回りの角速度をもっている．この後，ボールはレーンをどのように進むか．★

[1] まっすぐに進む
[2] まっすぐに進むが，次第に左方向へ向きを変えながら進む
[3] まっすぐに進むが，次第に右方向へ向きを変えながら進む

【問 8.42】ヒトは塩分濃度が高い水よりも真水において浮きやすい．

[1] ○　[2] ×

【問 8.43】図は，水泳選手のクロール泳法における右手の軌道（S 字プル）を上方から示したものである．図の②に示す時点では，揚力はどの方向に作用するか．（ヒント：手の動きに対する水の流れを考えよ）★

[1] a　[2] b　[3] c　[4] d
[5] e　[6] f　[7] g　[8] h

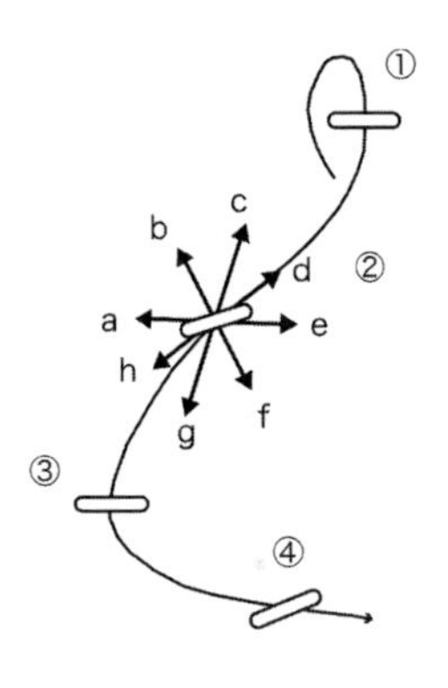

【問 8.44】水中で静止しているときの男女差を比較した以下の記述のうち，誤っているものはどれか．

[1] 肺に空気を満たせば，女性は全員浮く
[2] 肺の空気をすべて吐けば，男性は全員沈む
[3] 肺に空気を満たせば，男性は全員浮く
[4] 一般に女性は男性よりも浮きやすい

【問 8.45】100 m 走のスプリンターが 50 m 地点から 70 m 地点までの 20 m を 1.95 秒で通過した．レース中，追い風が 4 m/s の速さであった．空気によってスプリンターに対して発揮された力の方向はどれか．★

[1] レースの方向
[2] レースの方向とは逆の方向
[3] スプリンターに空気が当たる面積に依存する
[4] 競技場の高度に依存する

【問 8.46】図の A はヨットを側方から示したものである．ヨットの下(海面下)には横ずれ防止用のフィンが取り付けられているため，ヨットの側方から生じる風や海流に対して抵抗力となり，ヨットは側方へ動かないとする．さて，B に図示(上方描写)するように，ヨットの右斜め方向 $\theta = 30$ [°] からヨットの帆に向けて風が生じている．風によって帆に対して発揮された抗力は 564 N であり，同様に揚力は 433 N であったとき，ヨットの前後方向への力を求めよ．なお，前方を正，後方を負とする．(ヒント：帆に生じる抗力と揚力の向きを考え，これらの力の前後方向への力の成分を求めよ)★★★

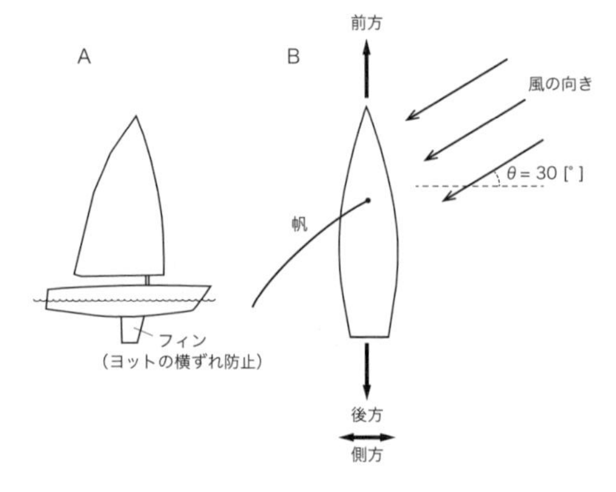

【問 8.47】図は，野球の打者がキャッチャーフライを打ち上げたときのボールの曲線軌道(点線)を示したものである．この軌道が生じるためには，ボールの回転方向はどのようか．右の枠内の A (時計回り)，B (反時計回り) で答えよ．★

[1] A
[2] B
[3] 上昇するときは A，下降するときは B
[4] 上昇するときは B，下降するときは A

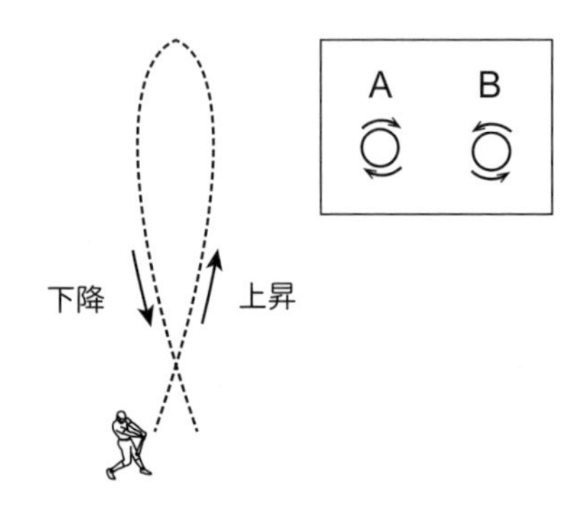

第９章　筋収縮の力学

《要　点》

1. 筋の種類と構造・機能

1.1 筋の種類(図 9.1)

横紋筋：骨格筋，心筋(※)，随意筋

平滑筋：内臓筋，血管筋，不随意筋

☞ ※心筋は骨格筋と同様に横紋をもつ筋であるが，不随意筋である．

1.2 骨格筋の種類

組織化学的分類：遅筋線維(I 型線維)と速筋線維(II 型線維)

形態学・形状的分類：二頭筋，三頭筋，四頭筋，多腹筋，多裂筋，板状筋，輪状筋など
紡錘状筋(平行筋)と羽状筋

関節機能的分類：屈筋・伸筋，内転筋・外転筋，内旋筋・外旋筋，回内筋・回外筋など
主働筋・協働筋と拮抗筋

その他の分類：単関節筋，二関節筋，多関節筋など．表層筋と深層筋など

1.3 骨格筋の構造と機能

解剖学的構造(図 9.2)：骨格筋(全筋) ➡ 筋束 ➡ 筋線維 ➡ 筋原線維 ➡ **筋節**．筋節は筋収縮の最小機能単位であり，**ミオシンフィラメント**と**アクチンフィラメント**による六角格子構造となっている．筋収縮 ➡ **「フィラメント滑走説」**(アクチンフィラメントがミオシンフィラメントの間へ滑り込む説)

筋の力－長さ関係(図 9.3)：筋節の長さと張力の関係．アクチンとミオシンフィラメントの重層部 ➡ **クロスブリッジ(架橋)**．両フィラメントの重なり具合や収縮速度などに影響を受け，筋の力と長さの関係は上に凸の二次曲線状となる．筋線維の長さと太さ(図 9.4) ➡ 長い線維は短縮速度大，太い線維は発揮張力大

筋収縮(活動)様式(図 9.5)：短縮性(筋張力＞外力)，等尺性(筋張力＝外力)，伸張性収縮(筋張力＜外力)

力－速度，力－パワー関係(図 9.6)：

筋の力－速度関係：ヒルの特性式(短縮性収縮において反比例関係)．伸張性収縮において筋張力増大(130 ～ 140%)．**伸張－短縮サイクル運動(SSC)** ➡ 活動筋を強制的に引き伸ばし短縮 ➡ 力学的仕事増加

筋の力－パワー関係：力－速度関係に基づき求められた関係(パワー＝力 × 速度)．筋の力とパワーの関係は上に凸の二次曲線．等尺性最大筋力の**約 30%** 時 ➡ **短縮性最大パワー**出現

紡錘状筋と羽状筋の力発揮特性(図 9.7)：**解剖学的横断面積**(骨の長軸に垂直)と**生理学的横断面積**(筋線維の走行に垂直)．筋線維はその長さの**約 50%** 短縮可能．筋張力は生理学的横断面積に比例．紡錘状筋 ➡ 解剖学的横断面積＝生理学的横断面積．羽状筋 ➡ 解剖

学的横断面積＜生理学的横断面積．紡錘状筋は短縮速度大，羽状筋は発揮張力大

1.4 骨格筋の力学モデル：筋収縮モデル

ヒルの三要素モデル（図 9.8）➡ **収縮要素**（CC），**直列弾性要素**（SEC），**並列弾性要素**（PEC）．骨格筋の力ー長さ関係（図 9.9）

2. 身体外部の物体へ発揮する力

2.1 関節の回転運動：筋張力による関節モーメントの発生 ➡ 関節運動（図 9.10）

2.2 筋張力の計算と外的てこ

力のモーメントのつり合い式：$\Sigma N = 0$〔式 (6.2)〕➡ 関節モーメント（トルク）＝筋モーメントアーム × 筋張力（$N = r_m F_m$）

外的てこ（図 9.12）：外部の物体へ発揮する力と身体の姿勢との関係で決まるてこ．一定の発揮力の場合：外的てこ比小（身体の中心近くで外部の物体へ力を発揮する：図 9.12a の場合）➡筋張力小で，効率的かつ傷害予防によい．一定の筋張力の場合：外的てこ比小 ➡ 発揮力大で，パフォーマンス向上

2.3 筋発揮張力増大にかかわる要因

力を発揮する姿勢を変えず外的てこ比が小さいことを前提とした場合 ➡ **関節モーメントを大きくする** ➡ 筋モーメントアームは変えられないので，詰まるところ**筋張力を大きくする**必要がある！

筋張力を大きくする 5 要因（図 9.14）：

① **中枢神経系の興奮水準**（図 9.15） 電気刺激すると骨格筋の張力は随意収縮のそれよりも約 30％増大 ➡ **心理的限界**を**生理的限界**に近づけると張力増大！

② **筋の力ー速度関係**（図 9.6） 短縮性収縮（反比例）➡ 短縮速度が小さいほど張力大．伸張性収縮 ➡ 伸張速度が大きいほど張力大

③ **筋の力ー長さ関係**（図 9.9） 収縮要素（活動状態）➡ 筋の至適長で張力最大．直列・並列弾性要素（活動状態）➡ 筋腱の最大伸張で張力最大．並列弾性要素（不活動状態）➡ 腱の伸張で張力発生

④ **伸張反射**（図 9.16） 例, 膝蓋腱反射 ➡ 脊髄回路下でのインパルス伝送による張力発揮

⑤ **予備緊張（活性化）**（図 9.17） 活動状態 ➡ 予備張力の亢進 ➡ 筋張力の立ち上がりを急峻にして張力増大．例，構え，フットワーク

【問 9.1】 図は身体外部の物体へ発揮する力の要因を示したものである．A と B はそれぞれ何か．★

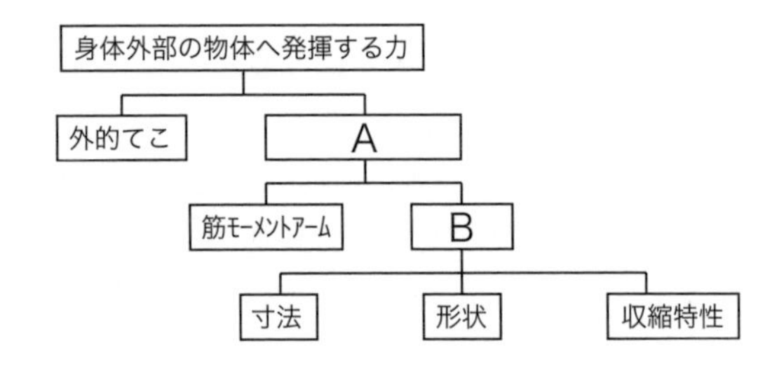

[1] A：筋張力，B：紡錘状筋
[2] A：筋張力，B：関節モーメント
[3] A：関節モーメント，B：筋張力
[4] A：関節モーメント，B: 筋断面

【問 9.2】 骨格筋は骨を引っ張ることによって関節回りにモーメント（トルク）を生み出す．

[1] ○　[2] ×

【問 9.3】 骨格筋も心筋も横紋筋である．

[1] ○　[2] ×

【問 9.4】 以下の記述のうち，誤りはどれか．

[1] 筋収縮はミオシンフィラメントがアクチンフィラメントの間へ滑り込むことにより行われる
[2] 短縮性最大パワーは等尺性最大筋力の約30%時に生じる
[3] 負荷が筋力よりも大きく，筋が引き伸ばされながら力を発揮する収縮を伸張性収縮と呼ぶ
[4] 活動筋を強制的に引き伸ばした後，短縮させると筋張力による力学的仕事が増大する現象を「伸張－短縮サイクル運動」と呼ぶ
[5] いずれも誤りである

【問 9.5】 図は代表的な筋収縮モデル（三要素モデル）を示したものである．A，B，C はそれぞれ何を示すか．

[1] A：収縮要素，B：並列弾性要素，C：直列弾性要素
[2] A：並列弾性要素，B：収縮要素，C：直列弾性要素
[3] A：収縮要素，B：直列弾性要素，C：並列弾性要素
[4] A：直列弾性要素，B：並列弾性要素，C：収縮要素

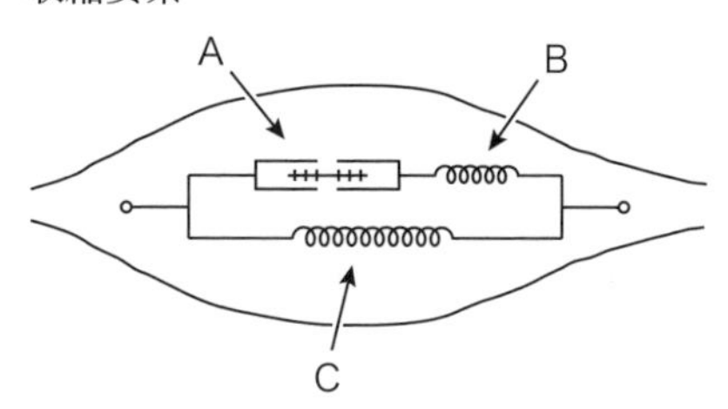

【問 9.6】 筋収縮の最小機能単位は英語では何と呼ぶか．

[1] サルコペニア　[2] サルコメア
[3] サルコメアラ　[4] サルコペディア

【問 9.7】 走り高跳びの踏切前半において，踏切脚の大腿四頭筋の筋収縮様式は全般に（　　）にある．★

[1] 短縮性筋活動　[2] 等尺性筋活動
[3] 伸張性筋活動

【問 9.8】 図は骨格筋の力－長さ関係を示したものである．図の上部の筋の長さの状態（活動状態とする）で発揮される張力の大きさはどれか．図の縦軸の張力の大きさ（a ～ f）で答えよ．

[1] a　[2] b　[3] c　[4] d　[5] e　[6] f

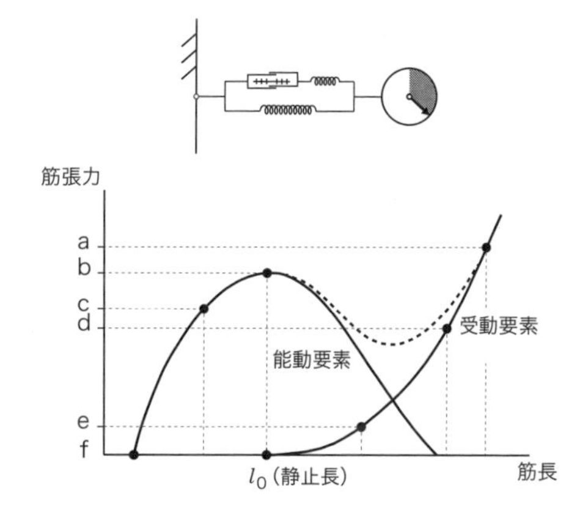

【問 9.9】 図に示す立ち幅跳びにおいて，4番から6番の下肢の筋活動と9番直後の着地から10番までの下肢の筋活動は同じである．★

[1] ○　[2] ×

【問 9.10】 図は筋節の断面図である．A と B は何か．

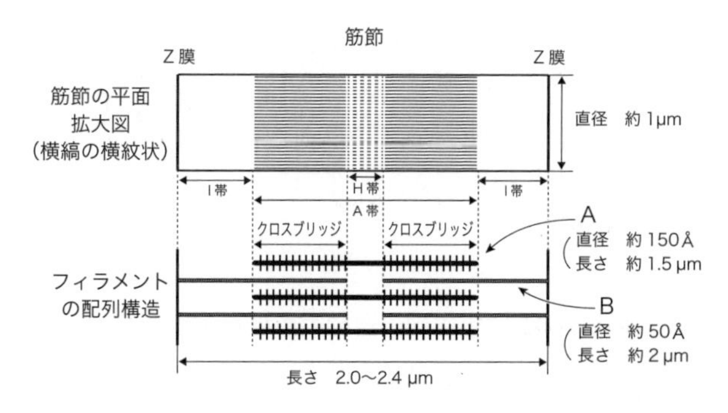

[1] A: ミオシンフィラメント, B: アクチンフィラメント
[2] A: アクチンフィラメント, B: ミオシンフィラメント

【問 9.11】 筋発揮張力の増大に関係する要因ではないものはどれか. ★
[1] 伸張反射　[2] 筋の力ー速度関係
[3] 予備緊張　[4] 筋の力ーパワー関係
[5] 中枢神経系の興奮水準
[6] いずれも関係する

【問 9.12】 ボディビルダーが肘関節角を 90° にして片手でバーベルを水平位に保持している(図). バーベルと前腕と手をシステムとし, その重心に 300 N の重力 (W_{BFH}) が作用した場合, この姿勢を保持するために必要な上腕屈筋群の筋張力 (F_M) を求めよ. なお, 肘関節から筋張力の作用点までの筋モーメントアーム (r_1) は 0.10 m, 肘関節からシステム重心までの距離(r_2)は 0.40 m とする. ★

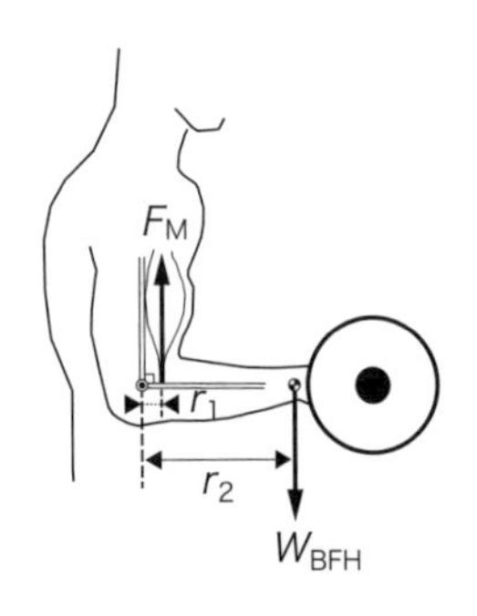

【問 9.13】【問 9.12】と同じ条件で, ボディビルダーが肘関節角 (θ) を 115° にして片手でバーベルを水平位に保持している(図). この姿勢を保持するために必要な上腕屈筋群の筋張力 (F_M') を求めよ. ★★

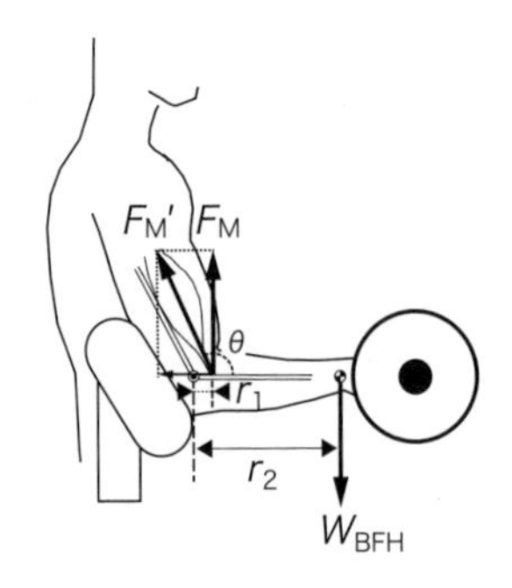

【問 9.14】 健康志向の運動実践者が重りを着けたシューズを履いて, ハムストリングスの筋力トレーニングを実施している(図). 以下の三つの姿勢で, 等尺性の筋活動を保持するためにもっとも大きな筋張力が必要とされる姿勢はどれか. なお, すべての姿勢で筋張力が同じであれば, [4]と答えなさい. ★

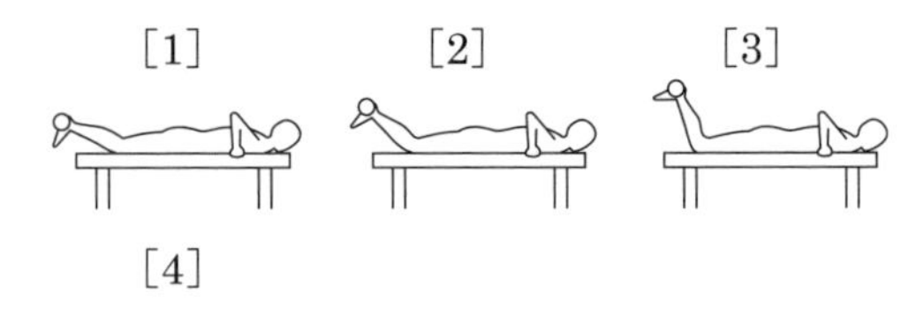

[4]

【問 9.15】 以下の記述のうち, 正解はどれか.
[1] 羽状筋は紡錘状筋よりも発揮張力が小さい
[2] 心理的限界は生理的限界を超える
[3] 筋張力が一定の場合, 外的てこ比が小さいと, 外部の物体へ大きな力を発揮することができる
[4] 筋発揮張力は解剖学的横断面積に比例する
[5] いずれも正解である

【問 9.16】 円盤投げ選手が全力で二つの異なる投げ方を用いて円盤を投げた. 第 1 の投げ方(A とする)は, 投てき動作中, 投げ腕の肘をまっすぐに伸ばした状態で投げた. 第 2 の投げ方 (B) は, 投げ腕の肘を曲げた状態で投げた. もし両投法でリリース時の円盤の速度が同じであれば, 肩関節の筋活動は, ★★
[1] A よりも B において短縮速度が大きい
[2] B よりも A において短縮速度が大きい
[3] A も B も短縮速度は同じである

【問 9.17】 図は筋の収縮特性を示した関係である. 何の関係を示したものか.
[1] カー長さ関係
[2] カーパワー関係
[3] カー速度関係
[4] カー運動量関係

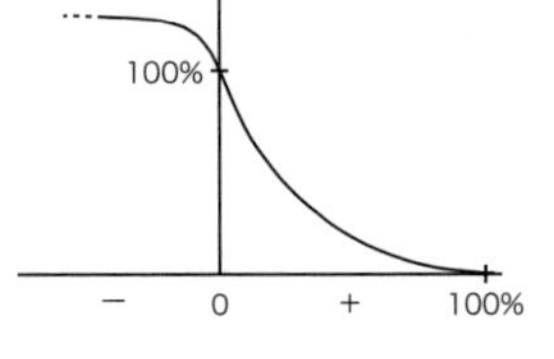

【問 9.18】【問 9.17】において, 横軸のマイナス(−)の領域の筋活動(収縮)を何と呼ぶか.
[1] 等尺性筋活動　[2] 等速性筋活動

[3] 短縮性筋活動　[4] 伸張性筋活動

【問 9.19】 以下の研究者はいずれも筋の力学的特性の解明に尽力した研究者である．このうち【問 9.17】における筋の収縮特性（正領域）を明らかにした研究者はだれか．

[1] H.F.Huxley 博士　[2] A.F.Huxley 博士
[3] 福永哲夫 博士　[4] A.V.Hill 博士

【問 9.20】 図に示す立ち幅跳びにおいて，4 番から 6 番の下肢の筋活動は何か．★

[1] 短縮性筋活動　[2] 等尺性筋活動
[3] 伸張性筋活動　[4] 等張力性筋活動

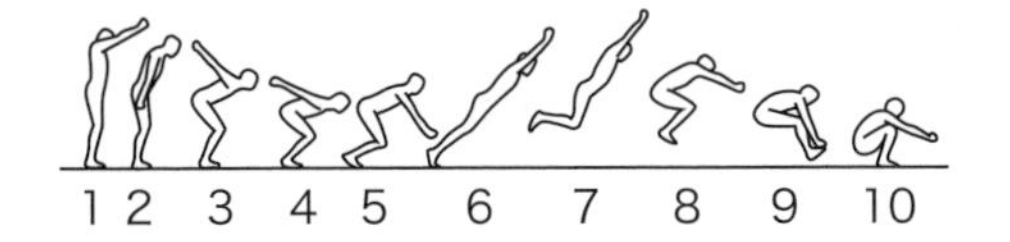

【問 9.21】 筋活動が伸縮性活動といわれるのは以下のどの場合か．

[1] 筋活動中，筋が同じ長さを維持している
[2] 筋活動中，筋張力が関節中心を通っている
[3] 筋活動中，筋が引き伸ばされる
[4] 筋活動中，筋が縮んでいる
[5] [1]と[2]の両方

【問 9.22】 筋の力－パワー関係において，等尺性最大筋力の約 30% の負荷時に短縮性最大パワーが出現するが，この最大パワーをより大きくするためには，以下のどれを大きくする必要があるか．★

[1] 筋力　[2] 筋長　[3] 速度
[4] [1]と[2]の両方
[5] [1]と[3]の両方
[6] [2]と[3]の両方

【問 9.23】 腕立て伏せ運動において，肘関節の屈伸筋群の活動状態は以下のどれか．★

[1] 伸展筋群が常時活動している
[2] 屈曲筋群が常時活動している
[3] 上体をもち上げるときは伸展筋群が活動し，上体を下げるときは屈曲筋群が活動している
[4] 上体をもち上げるときは屈曲筋群が活動し，上体を下げるときは伸展筋群が活動している

【問 9.24】 図は筋節の力－長さ関係を示したものである．図の上部は筋節を簡略化したものであり，二つのフィラメントの重なり具合が示されている．この状態で発揮される張力はどの時点の筋節の長さか．図の矢印の時点（a～f）で答えよ．

[1] a　[2] b　[3] c　[4] d　[5] e　[6] f

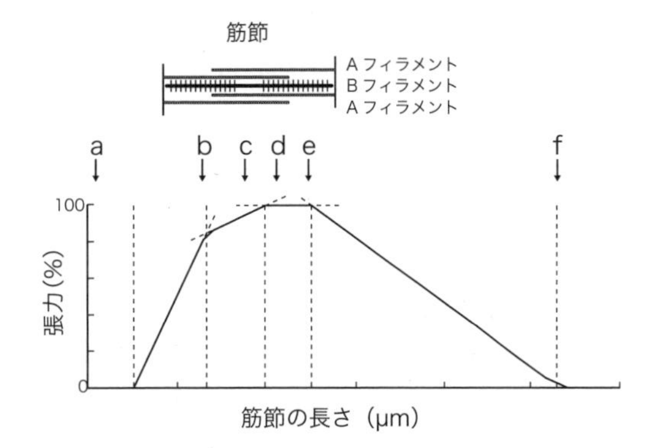

【問 9.25】 アームレスリングの敗者の筋活動は，

[1] おもに短縮性活動が優位である
[2] おもに伸張性活動が優位である
[3] 不活動である

【問 9.26】 ボディビルダーがバーベルを水平位に保持している（図）．W_{FH} は前腕と手のシステムの重量，W_B はバーベルの重量である．もし筋モーメントアーム（r_1）が 0.05 m,

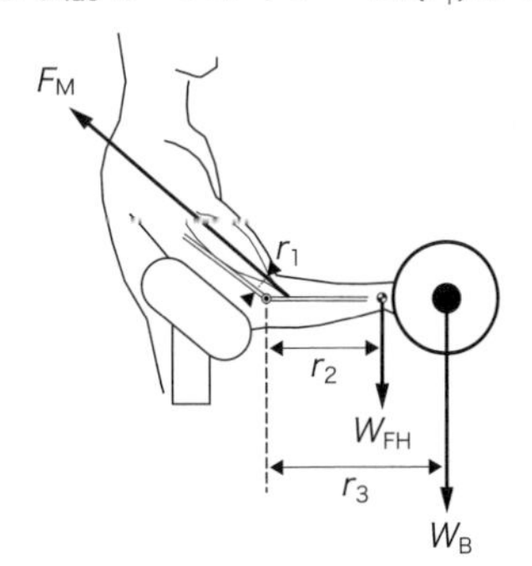

肘関節からシステム重心までの距離（r_2）が 0.22 m，肘関節からボール重心までの距離（r_3）が 0.38 m，W_{FH} が 18 N，上腕屈筋群の最大筋張力（F_M）が 4000 N であったとしたら，保持可能なバーベルの最大重量（W_B）はいくらか．★★

【問 9.27】 以下の記述のうち，誤りはどれか．

[1] 短縮性筋活動において，力と速度は正比例する

[2] ボクシングのフットワークは予備緊張の例の一つである

[3] 骨格筋を電気刺激すると，その張力は随意収縮のそれよりも約 30％も増加する

[4] 心理的限界が生理的限界に近づく現象を俗に「火事場の馬鹿力」と呼ぶ

[5] [1]と[3]の両方

[6] いずれも誤りである

【問 9.28】 人体における骨格筋の数は(　　)ほどあり，体重に占める割合は(　　) %である．カッコの順に正しいものは以下のどれか．

[1] 630，30　　[2] 620，30

[3] 600，40　　[4] 610，40

【問 9.29】 ウェイトリフターが肩にバーベルを担いでスクワットトレーニング（下肢の屈伸運動）を行っている．このトレーニング中の大腿四頭筋の活動状態は以下のどれか．★

[1] 身体を上げるときは短縮性，下げるときは伸張性筋活動である

[2] 身体を上げるときは伸張性，下げるときは短縮性筋活動である

[3] 常時短縮性筋活動である

[4] 常時伸張性筋活動である

【問 9.30】 図はつり輪競技における体操選手の十字懸垂の姿勢である．肩の筋活動は A 側と B 側でどちらが活動的か．（ヒント：頭・体幹・下肢のシステムのフリーボディダイアグラムを考え，肩の筋群によって発揮される肩関節点回りのトルクを考えなさい）★

[1] A 側の筋活動は B 側の筋活動よりも大きい

[2] A 側の筋活動は B 側の筋活動よりも小さい

[3] A 側も B 側も筋活動は同じである

[4] A 側も B 側も筋活動はしていない

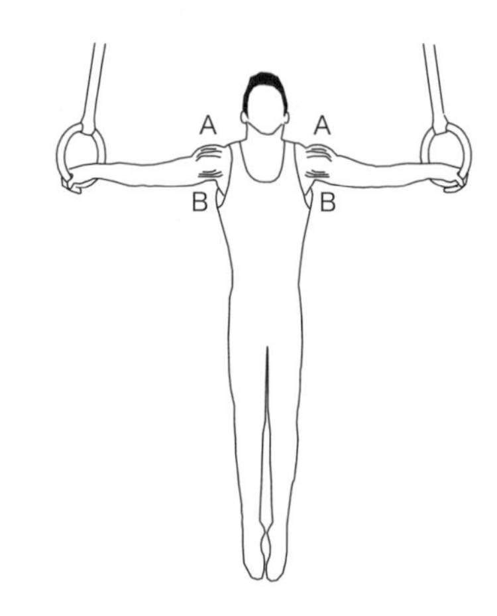

【問 9.31】 図はデコピンをするところである．デコピンで，指先の速度の増大に最も影響を与える要因は以下のどれか．★

[1] 短縮性筋活動

[2] 伸張反射

[3] 伸張性筋活動

[4] 予備緊張

[5] 力学的伸張

模擬試験問題

【50 問】

【問 1】 慣性モーメントは物体を構成する質点の（　　）とその分布状態に依存する回転運動における慣性量である．カッコの中に入る適切な用語を以下から選べ．

[1] 重さ　[2] 体積　[3] 重力
[4] 質量　[5] 重量　[6] 面積

【問 2】 スポーツバイオメカニクスは狭義には「スポーツ力学」と訳される．

[1] ○　[2] ×

【問 3】「キネティクス」の日本語表記は以下のどれか．

[1] 身体運動学　[2] 運動学
[3] 動力学　[4] 運動力学

【問 4】 空中で身体重心の軌道を変えることができる．

[1] ○　[2] ×

【問 5】 運動量の単位は以下のどれか．

[1] $kg \cdot m^2/s$　[2] $kg \cdot m^2/s^2$　[3] $kg \cdot m/s$
[4] $N \cdot s$　[5] $N \cdot m \cdot s$　[6] J

【問 6】 剛体とは（　　）物体である．カッコの中に入る適切な文を以下から選べ．

[1] 大きさをもたず，質量のみをもつ
[2] 複数の点が相対位置を変えない
[3] 複数の物体が影響を及ぼし合い相対位置を変える
[4] 複数の点が影響を及ぼし合って相対位置を変える

【問 7】 走り幅跳び選手が助走から踏み切りを行い，空中に跳び上がった．選手の速度ー時間図はどのようになるか．以下から選べ．なお，鉛直上向きを正とし，空気抵抗を無視する．

[1]　[2]　[3]　[4]　[5]

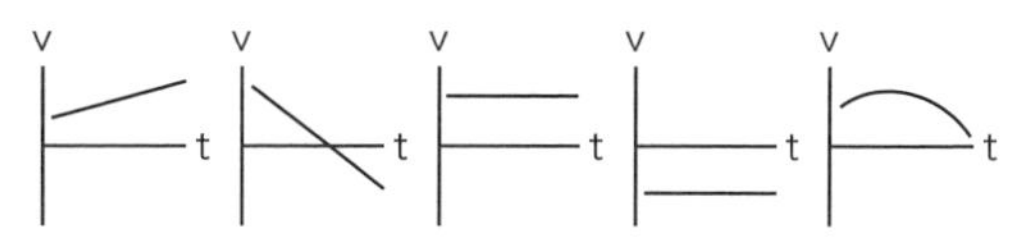

【問 8】 800 m 競泳（公認 50 mプール使用）において，正の方向が最初に 50 m を泳ぐ方向であるとする．3 回目（150 m）のターンをするために泳者が減速しているとき，泳者の加速度の符号は以下のどれか．

[1] 正　[2] 負　[3] 一定　[4] ゼロ

【問 9】 物体へ力が発揮された場合，以下の記述のうち，誤りはどれか．

[1] 質量が一定なら，力が大きくなるほど加速度は大きくなる
[2] 力が一定なら，質量が大きくなるほど加速度は大きくなる
[3] 質量が一定なら，力積が大きくなるほど速度の変化は大きくなる
[4]すべて誤りである

【問 10】 身体の角運動量が一定であるなら，これは以下の何を意味するか．

[1] 身体の角速度は一定である
[2] 身体の慣性モーメントは一定である
[3] 身体へ発揮されたトルクはゼロである
[4] [1]と[2]の両方
[5] [1]と[3]の両方

【問 11】 鳥を撃ち落とすために，猟師が弓矢を引いて，矢を放ったが，外れた．この一

連の動作におけるエネルギー変換は以下のどれか．もっとも適切なものを選べ．

[1] 位置 ➡ 弾性 ➡ 運動 ➡ 位置
[2] 位置 ➡ 化学的 ➡ 運動 ➡ 弾性
[3] 化学的 ➡ 位置 ➡ 運動 ➡ 弾性
[4] 化学的 ➡ 弾性 ➡ 運動 ➡ 位置
[5] 弾性 ➡ 化学的 ➡ 運動 ➡ 位置

【問 12】 図は打撃直前のゴルフボールとクラブヘッドを上方から示したものである．インパクト直後のヘッドの運動方向を前方とすれば，インパクト後，ボールは，

[1] 最初に前方へ進み，その後，次第に左方向へ曲がっていく
[2] 最初に前方へ進み，その後，次第に右方向へ曲がっていく
[3] 最初に若干左に進み，その後，次第に左方向へ大きく曲がっていく
[4] 最初に若干右に進み，その後，次第に右方向へ大きく曲がっていく

【問 13】 物体の重心を求める方法ではないものはどれか．

[1] 反力板法　　[2] バランス法
[3] 座標計算法　　[4] つり下げ法
[5] 力積法　　[6] 作図法

【問 14】 スプリンターが最大スピードで走っている．地面に足を接地した直後，スプリンターによって地面に対して発揮された力は（　　）へ向く．カッコの中に入る適切な用語を以下から選べ．

[1] 前方　　[2] 後方　　[3] 下方かつ前方
[4] 下方かつ後方　　[5] 下方

【問 15】 $(mv^2)/2$ とは何か．

[1] 運動量　[2] 力積　[3] 位置エネルギー
[4] 並進運動エネルギー
[5] 回転運動エネルギー

【問 16】 物体が空中にあるとき，空気抵抗を無視すると，物体に作用する外力は重力のみである．

[1] ○　　[2] ×

【問 17】 体操選手が跳馬台に接する直前に時計回りの角運動量をもっていたが，跳馬台に接地した瞬間に図に示す反力（F）を受けた．時計回りの角運動量は，

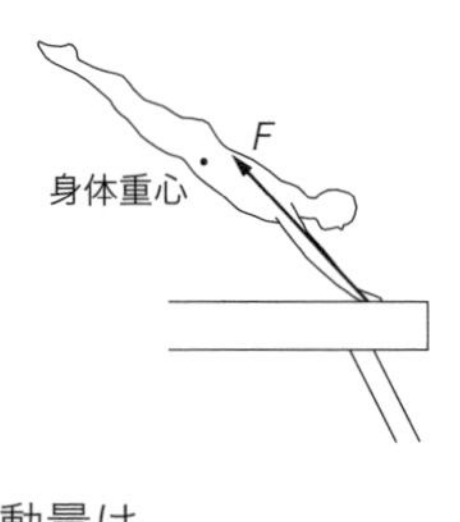

[1] 増大する　[2] 減少する　[3] 変わらない

【問 18】 スケートボードのハーフパイプの選手が空中で，矢印の方向に回転している（図）．選手の角速度はどの方向に向くか．

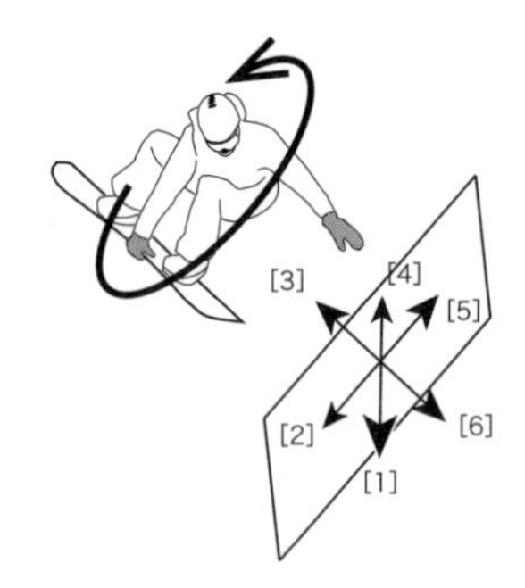

【問 19】 図に示す立ち幅跳びにおいて，肩関節は 1 から 3 番までの局面で伸展運動を，3 から 6 番までの局面で屈曲運動を行っている（下図）．3 番の直前の時点において肩関節で活動する筋群は屈筋群（肩の前方に付着する筋群）か，それとも伸筋群（肩の後方に付着する筋群）か．また，その筋活動は短縮性かそれとも伸張性か．以下の中から答えなさい．

[1] 屈筋群／短縮性　[2] 屈筋群／伸張性
[3] 伸筋群／短縮性　[4] 伸筋群／伸張性

【問 20】 セイラーがヨットを操縦している(図). セイラーとヨット(ロープ含む)のシステムを考え，セイラーをフリーボディとみなした場合の以下のフリーボディダイアグラムのうち，正しいものはどれか.

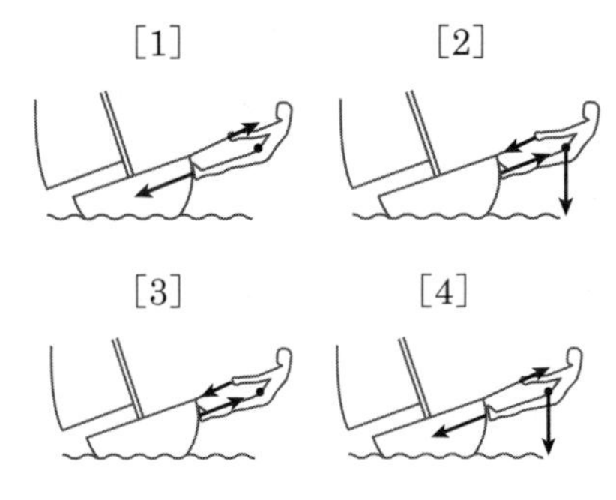

【問 21】 体操選手が空中で回転しており，選手の角運動量ベクトルがあなたからみて反対方向(紙面の向こう側)へ向いている. 選手はどの向きに回転しているか.

[1] 時計回り　[2] 反時計回り
[3] どちらでもない

【問 22】 図のように，Aのヒト（以下Aとする）は片手で肘を曲げた状態で砲丸を保持している. Bのヒト（B）は肘を伸ばした状態で砲丸を保持している. 以下の記述のうち，正しいものはどれか.

[1] 手から砲丸へ発揮される力はAよりもBが小さい
[2] 手から砲丸へ発揮される力はBよりもAが小さい
[3] 手から砲丸へ発揮される力はAもBも同じである
[4] 手から砲丸へ発揮される力はAもBもゼロである

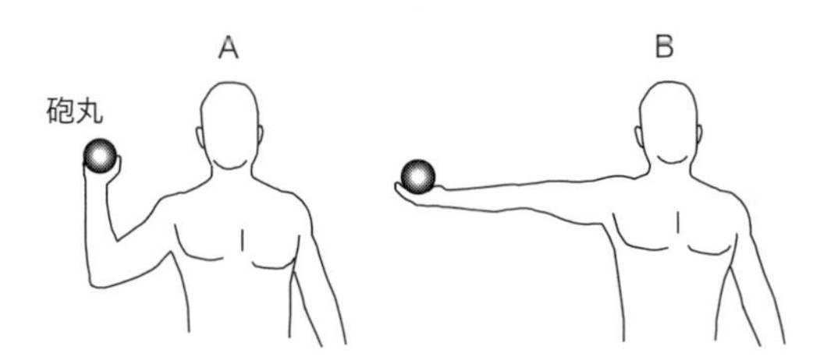

【問 23】 あなたの速度が正から負の値へ変化している. これは，以下の何を意味するか.

[1] 速度がゼロである　[2] 速度が正である
[3] 速度が負である　[4] 加速度が正である
[5] 加速度が負である　[6] 加速度が一定である

【問 24】 あなたは崖の端に立っており，バランスを崩してまさに崖から落ちようとしている（図）. あなたが崖から落ちないためには，両腕（グレー）を以下のどの方向に回したらよいか.

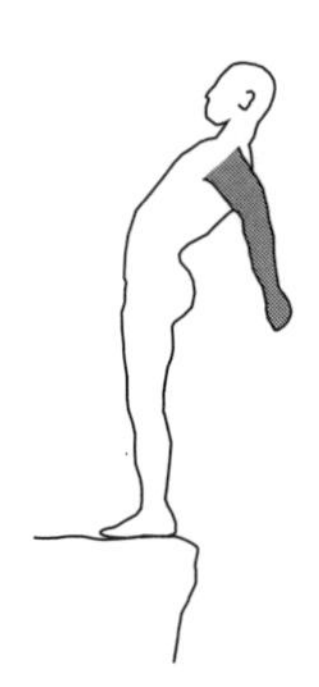

[1] 時計回り
[2] 反時計回り

【問 25】 飛び込み選手が飛び板を蹴って両手を側方に広げた状態で板から離れた（図：後方からみて）. 選手の角運動量はあなたからみて左方向に向いている. この後，選手は右腕を頭上に上げ，左腕を左体側に着けた. 一連の動作で選手の動きはどうなるか. 以下の中から一つ選べ.

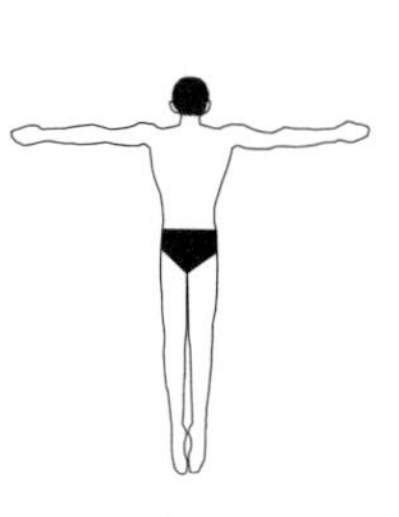

[1] 前方宙返りひねり(右肩があなた側へ動く)
[2] 前方宙返りひねり（右肩があなたと反対側へ動く）
[3] 後方宙返りひねり(右肩があなた側へ動く)
[4] 後方宙返りひねり（右肩があなたと反対側へ動く）

【問 26】 ゴルフボールのディンプルのおもな利点は（　　）である. カッコの中に入る適

切な文を以下から選べ．
[1] ボールに適切な回転を与えるため
[2] ボールの回転速度を減少させるため
[3] 揚力を増大させるため
[4] 抗力を小さくするため
[5] マグヌス効果を減少させるため

【問 27】 あなたは飛び込み選手である．飛び板に向かって歩き，空中で後方回転しようと考えている．そのためには，踏切中において飛び板を（　）へ押す必要がある．カッコの中に入る適切な用語を以下から選べ．
[1] 下方かつ前方　[2] 下方かつ後方
[3] 下方

【問 28】 逆立ち倒立している体操選手（図）の腰回りの筋群は腹側（A）か，それとも腰側（B）の筋群が活動しているか．（ヒント：下肢のフリーボディダイアグラムを考えよ）

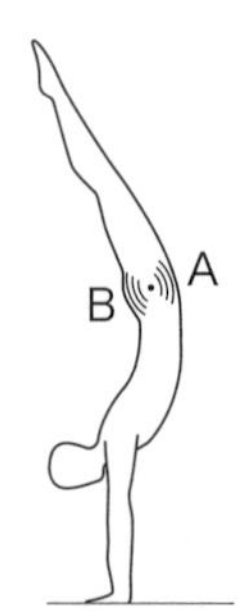

[1] A の筋群が活動している
[2] B の筋群が活動している
[3] A でも B でもない

【問 29】 両腕を水平にして立つヒトが右腕を頭上に上げた（図）．この間，身体重心はどのように動くか．
[1] 上方かつ右に動く　[2] 上方かつ左に動く
[3] 下方かつ右に動く　[4] 下方かつ左に動く
[5] 動かない

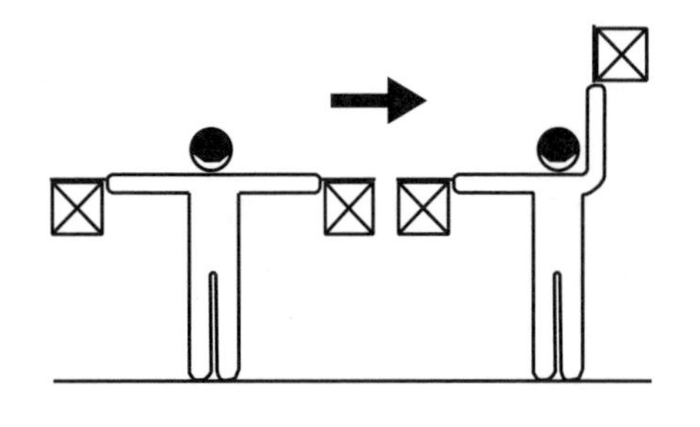

【問 30】 物体の姿勢を安定させる力学的条件に当てはまらないものは以下のどれか．
[1] 重い　[2] 重心が低い　[3] 基底面が狭い

【問 31】 水中において，肺の中に空気を目いっぱいに吸い込んだ女性のほとんどは浮く．
[1] ○　[2] ×

【問 32】 体操選手が跳馬を行い，跳馬台から離れる前に十分な角力積を得なかったため，不十分な反時計回りの角運動量のままで，前のめりになって着地した（図）．以下の記述のうち，この選手の技術的問題をさらに悪化させるのはどれか．
[1] 跳馬台から離れた後，両腕を時計回りに強く回転させる
[2] 跳馬台から離れた後，両腕を反時計回りに強く回転させる
[3] 滞空期に両手を両ももに着けその状態を保つ
[4] 跳馬台から離れた直後，身体を丸める

【問 33】 ボディビルダーが 50 kg のバーベルを用いてゆっくりとカール（肘関節屈伸）運動を行っている．以下の記述のうち，正しいものはどれか．なお，上腕二頭筋は肘関節屈筋，上腕三頭筋は同伸展筋である．
説明 1．バーベルの挙上時において，上腕二頭筋が短縮性活動，上腕三頭筋が伸張性活動となる
説明 2．バーベルの挙上時において，上腕二頭筋が短縮性活動，上腕三頭筋が不活動となる
説明 3．バーベルの下降時において，上腕二頭筋が伸張性活動，上腕三頭筋が短縮性活

動となる

説明4．バーベルの下降時において，上腕二頭筋が不活動，上腕三頭筋が短縮性活動となる

説明5．バーベルの下降時において，上腕二頭筋が伸張性活動，上腕三頭筋が不活動となる

[1] 説明1と4　[2] 説明1と3
[3] 説明2と3　[4] 説明2と5
[5] 説明2と4

【問34】 走り高跳び選手が空中でバーを跳び越えようとしている（図）．選手は反時計回りに回転している．もし選手が腕を図のように下方に回転させたら，この動作はどのような効果があるか．以下から正しいものを選べ．

[1] 反時計回りの回転速度が減少する
[2] 身体の回転速度が増大する
[3] 両脚が上方へ速く動く
[4] 効果はない

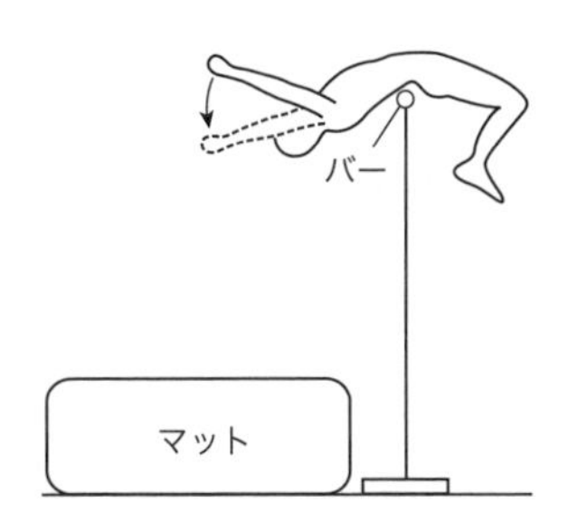

【問35】 地球の重力加速度は月よりも6倍大きい．地球上で80 kgの質量をもつヒトは月では以下のどの間にあるか．

[1] 0 [kg]と 10 [kg]の間
[2] 11 [kg]と 20 [kg]の間
[3] 21 [kg]と 60 [kg]の間
[4] 61 [kg]と 100 [kg]の間
[5] 101 [kg]以上

【問36】 重量が645 Nのヒトの質量は以下のどの間にあるか．

[1] 50.0 [kg]と 59.9 [kg]の間
[2] 60.0 [kg]と 69.9 [kg]の間
[3] 70.0 [kg]と 79.9 [kg]の間
[4] 80.0 [kg]と 89.9 [kg]の間
[5] 90.0 [kg]以上

【問37】 バスケットボールが水平面から49°の角度でシュートされた．ボールの鉛直速度が4.6 m/sであったとすると，ボールの水平速度は以下のどの間にあるか．

[1] 0.00 [m/s]と 4.99 [m/s]の間
[2] 5.00 [m/s]と 9.99 [m/s]の間
[3] 10.00 [m/s]と 14.99 [m/s]の間
[4] 15.00 [m/s]と 19.99 [m/s]の間
[5] 20.00 [m/s]以上

【問38】 ソフトボール選手がウィンドミル投法を用いてボールを投げた．リリース時のボール速度が24.3 m/sであり，投球腕の肩からボールまでの距離が0.83 mであった．リリース時の投球腕の角速度は以下のどの間にあるか．

[1] 0 [°/s]と 499 [°/s]の間
[2] 500 [°/s]と 999 [°/s]の間
[3] 1000 [°/s]と 1499 [°/s]の間
[4] 1500 [°/s]と 1999 [°/s]の間
[5] 2000 [°/s]以上

【問39】 ボブスレー選手が質量80 kgのソリを，以下の条件で押した．ソリの速度がもっとも大きくなるのはどの条件か．

[1] 113 Nの力で16秒間押した
[2] 95 Nの力で19秒間押した
[3] 134 Nの力で13秒間押した
[4] 125 Nの力で15秒間押した
[5] 164 Nの力で10秒間押した

【問40】 走り幅跳び選手が試技を行った．踏切離地時の身体重心の高さ $H = 1.16$ [m]，初速度 $v_0 = 9.34$ [m/s]，投射角 $\theta =$

20.8 [°] で跳び出した．選手の身体重心の水平到達距離は以下のどの間にあるか．ただし，空気抵抗を無視する．

[1] 0.00 [m] と 5.99 [m] の間
[2] 6.00 [m] と 6.99 [m] の間
[3] 7.00 [m] と 7.99 [m] の間
[4] 8.00 [m] と 8.99 [m] の間
[5] 9.00 [m] 以上

【問 41】 子どもと大人がシーソーで遊んでおり，図はシーソーが水平になった状態である．子どもの重さは 235 N (W_1)，大人の重さは 785 N (W_2) であった．子どもはシーソーの支点から左に 3.54 m (r_1)，大人は右に 1.05 m (r_2) の位置に座っている．シーソーは以下のどちら回りに回転するか．

[1] 時計回り　　[2] 反時計回り

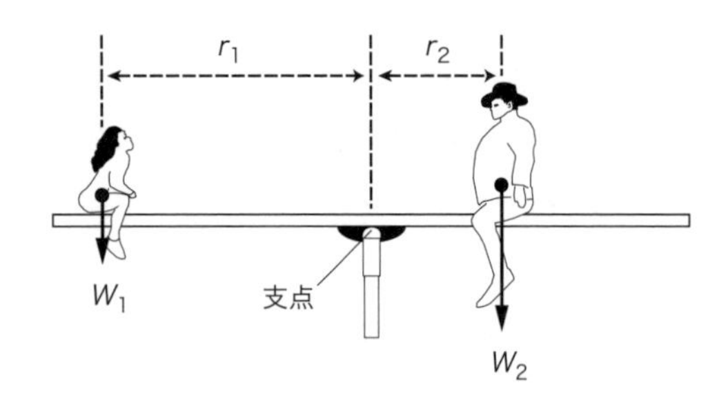

【問 42】 跳馬中，跳馬台に対して体操選手が 535 N の右向きの水平力，665 N の下向きの鉛直力を加えた．跳馬台の重さは 750 N であり，跳馬台と床面の静止摩擦係数が 0.65 であった．跳馬台の水平加速度は以下のどの間にあるか．（ヒント：フリーボディダイアグラムを描け）

[1] –10.0 [m/s²] と –0.1 [m/s²] の間
[2] 0.0 [m/s²] と 2.0 [m/s²] の間
[3] 2.1 [m/s²] と 4.0 [m/s²] の間
[4] 4.1 [m/s²] と 7.0 [m/s²] の間
[5] 7.1 [m/s²] 以上

【問 43】 ボディビルダーがダンベルを片手で保持している（図）．白黒のクロスマークは上腕＋前腕＋手のシステムの重心であり，その質量が 12 kg である．肩関節の筋群によって発揮された張力は 1500 N であった．図の筋モーメントアーム (r_1) は 0.05 m，肩関節からシステム重心までの距離 (r_2) は 0.12 m，システム重心からダンベルを保持する手までの距離 (r_3) は 0.43 m であった．手からダンベルに対して発揮される上方力は以下のどの間にあるか．（ヒント：上腕＋前腕＋手のシステムのフリーボディダイアグラムを考えなさい．ダンベルを含めない）

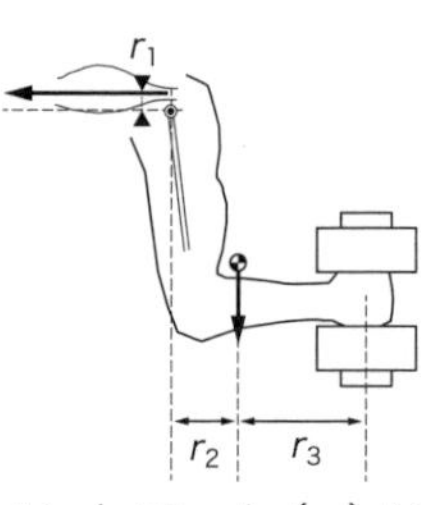

[1] 0.0 [N] と 80.0 [N] の間
[2] 80.1 [N] と 120.0 [N] の間
[3] 120.1 [N] と 160.0 [N] の間
[4] 160.1 [N] と 200.0 [N] の間
[5] 200.1 [N] 以上

【問 44】 水平板の上にヒトを仰向けに寝かせて一方の端に体重計を置いた（図）．人の体重 (W_p) は 615 N，板の重さ (W_B) は 150 N，板の長さ (L) は 2.50 m，足元から板の重心までの長さ (K) は 1.25 m であった．体重計の力 (F) は 230 N であった．足元から身体重心までの距離は以下のどの間にあるか．

[1] 0.00 [m] と 0.70 [m] の間
[2] 0.71 [m] と 1.20 [m] の間
[3] 1.21 [m] と 1.70 [m] の間
[4] 1.71 [m] と 2.25 [m] の間
[5] 2.26 [m] 以上

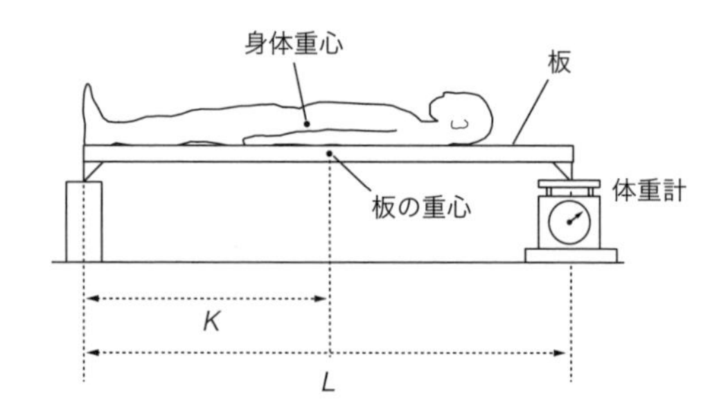

【問 45】 飛び込み選手が空中で 3.0 rad/s の角速度で回転しており，そのときの選手の慣性モーメントが 8.5 kg·m^2 であった．その後姿勢を変化させて慣性モーメントが 4.0 kg·m^2 となった．この姿勢で選手が 3 回転するために要する時間は，以下の何秒の間にあるか．

[1] 0.00 [s]と 0.39 [s]の間
[2] 0.40 [s]と 0.99 [s]の間
[3] 1.00 [s]と 2.49 [s]の間
[4] 2.50 [s]と 4.99 [s]の間
[5] 5.00 [s]以上

【問 46】 ウェイトリフターが 100 kg のバーベルを 1450 N の力(上方力)でもち上げている．バーベルの上方加速度は以下のどの間にあるか．

[1] 0.00 [m/s^2]と 1.00 [m/s^2]の間
[2] 1.01 [m/s^2]と 2.00 [m/s^2]の間
[3] 2.01 [m/s^2]と 5.00 [m/s^2]の間
[4] 5.01 [m/s^2]と 10.00 [m/s^2]の間
[5] 10.01 [m/s^2]以上

【問 47】 A のボールを 2.50 m の高さから落とすと，1.75 m まで跳ね上がった．B のボールを 2.00 m の高さから落とすと，1.30 m まで跳ね上がった．どちらのボールの反発係数が大きいか．

[1] A　[2] B　[3] どちらも同じ

【問 48】 体積が 54 m^3 で，重さが 525 N の女性は水に浮かぶ．

[1] ○　[2] ×

【問 49】 ドアの蝶番から d_1 = 0.24 [m]の箇所で，F_1 = 65 [N] の力でドアを開けようとしているヒトと，d_2 = 0.29 [m] の箇所で，F_2 = 58 [N] の力でドアを閉めようとしているヒトがいる(図)．同時にドアを押すと，ドアの開閉の状態はどうなるか．

[1] 開く　[2] 閉まる　[3] 開閉しない

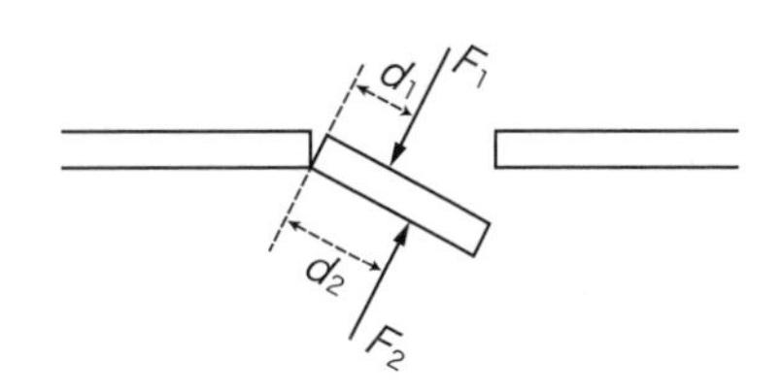

【問 50】 図の A はヨットを側方から示したものである．ヨットの下(海面下)には横ずれ防止用のフィンが取り付けられているため，ヨットの側方から生じる風や海流に対して抵抗力となり，ヨットは側方へ動かないとする．さて，B に図示(上方描写)するように，ヨットの右斜め方向 θ = 24 [°]からヨットの帆に向けて風が生じている．風によって帆に対して発揮された抗力は 480 N であり，同様に揚力は 595 N であった．ヨットの前後方向への力は以下のどの間にあるか．なお，前方を正，後方を負とする．

[1] –400 [N]以下
[2] –399 [N]と –200 [N]の間
[3] –199 [N]と –0.1 [N]の間
[4] 0.0 [N]と 199 [N]の間
[5] 200 [N]と 399 [N]の間
[6] 400 [N]と 599 [N]の間
[7] 600 [N]以上

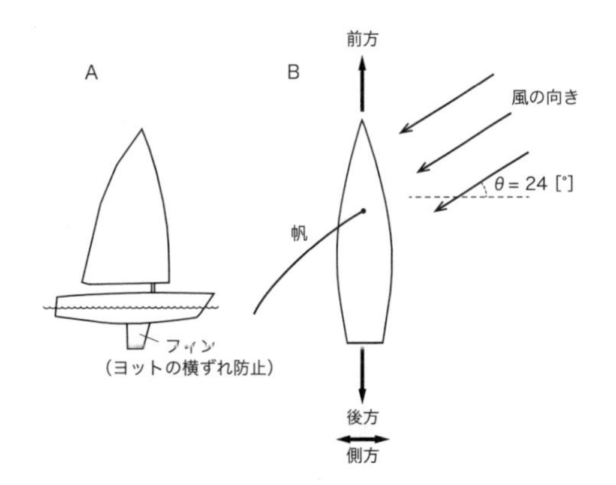

画像を用いたヒトの身体重心の算出法
― 座標計算法 ―

《はじめに》

画像を用いたヒトの身体重心の算出法は，通常，ハイスピードカメラなどにより撮影された身体運動の録画画像を動作解析用ソウトウェアを使用することによって，コンピュータの画面上における複数の身体標点の二次元座標値を数値化して（“デジタイズ”と呼ばれる）求める方法である．

しかし本ワークブックでは，棒高跳選手のバークリアランス試技画像（以下，試技画像と呼ぶ）における複数の身体標点の二次元座標値は，解答者が“定規（推奨：長さ 30 cm，間隔 1 mm）”を使用して計測するものとする．以下，身体重心の算出の手順について記載するので，この手順に従って，身体重心位置を求め，その位置を試技画像に黒丸で記入しなさい．なお，試技画像は所定の場所*よりダウンロードして使用しなさい．

《身体重心の算出の手順》

(1) ステップ 1―身体各標点 (22 点) の座標値の計測

試技画像の身体各標点合計 22 点の X 座標と Y 座標のピクセル値を，定規を使用して整数（5 の倍数とする）で計測し，それぞれ計測したピクセル値を，表 1（p.74）の該当欄に記入しなさい．なお，身体各標点の英語略記の日本語名称は，表 1 を参照しなさい．

(2) ステップ 2―二次元座標系の原点とスケール両端の座標値の計測

二次元座標系の原点（試技画像の X 軸と Y 軸の交差点）の X 座標と Y 座標のピクセル値を定規で計測し，表 2（p.74）の該当欄に記入しなさい．同様に，スケールの両端（横方向）の X 座標と Y 座標のピクセル値を定規で計測し，表 2 の該当欄に記入しなさい．

【注意】二次元座標系の原点は，本課題の作業を容易にするために“空中”に設定しているが，通常，地面に設定する．

(3) ステップ 3―部分重心と身体重心の座標値の計算

身体を 14 個の部分（頭部，体幹部，左右の上腕部・前腕部・手部・大腿部・下腿部および足部）に分割して，各部分の体幹に近い点を近位端点，遠い点を遠位端点と呼ぶ．たとえば，頭部の近位端点は「あご点 (GN)」であり，遠位端点は「頭頂点 (VT)」である．また，体幹部の近位端点は「左右の股関節点を結んだ線分の中点 (MH)」，遠位端点は「胸骨上縁点 (ST)」である．各部分の重心は各部分の近位端点と遠位端点を結線した線分上にあると考え，身体部分慣性係数(質量中心比，質量比)から求める．ここでは，de Leva (1996) により報告された係数を用いて，以下の式により，各部分の重心位置の座標値(ピクセル値)を算出する．

X 座標：部分の重心の X 座標値
　$= PP + [p \cdot (DP - PP)]$　　［式 1］

Y 座標：部分の重心の Y 座標値
　$= PP + [p \cdot (DP - PP)]$　　［式 2］

ここで，PP，DP はそれぞれの部分の近位端点と遠位端点の X 座標または Y 座標値，p は質量中心比（近位端点からの部分の重心位置の比）である．表 3-1 (p.75)の 4 列目と 6 列目は，それぞれ各部分の質量中心比と質量比を示した

＊ 化学同人ホームページ：https//www.kagakudojin.co.jp/book/b492795.html

ものである.

① 部分重心と身体重心の X 座標値の計算

表 3-1 の 2 列目には，表 1 で記入された該当部分の近位端点の X 座標のピクセル値，また，3 列目には表 1 で記入された該当部分の遠位端点の X 座標のピクセル値を再度記入しなさい．次に，表 3-1 の 5 列目に上記［式 1］を用いて各部分の重心の X 座標値を求めて記入した後，算出された X 座標値と 6 列目の質量比を乗じて，7 列目にその値を記入しなさい．最後に，表 3-1 の 7 列目の値をすべて加算して身体重心の X 座標値を求め，欄外の該当箇所(a)に記入しなさい，

② 部分重心と身体重心の Y 座標値の計算

表 3-2 (p.76)を使用して，(3)①と同様の計算を行い，身体重心の Y 座標値を求め，欄外の該当箇所(a)に記入しなさい．

(4) ステップ 4—二次元座標系への座標変換と実長換算

ステップ 3 で求められた身体重心の二次元座標値は，コンピュータの画面上でのピクセル値に過ぎず，また，実際の長さを表したものではない．そこで，これらの座標値を，①実際の二次元座標系の座標値に変換する，②実際の長さに換算する(実長換算)，作業を行う必要がある．

① 実際の二次元座標系の座標変換

表 2 に記入した二次元座標系の原点の X，Y 座標値を使用し，ステップ 3 で求められた身体重心の二次元座標値を座標変換する．具体的には，

X 座標：

身体重心の X 座標値 − 原点の X 座標値

Y 座標：

身体重心の Y 座標値 − 原点の Y 座標値

上式により座標変換された X，Y 座標値を，表 3-1 と表 3-2 の欄外の該当箇所(b)に記入しなさい．

② 実長換算

スケールの両端点のピクセル値の差が 1 メートル(試技画像の縦横比は同じである)であることを利用して，スケールファクター（下に記入）を求め，その値を（4）①によって得られた X，Y 座標値に乗じることによって実際の長さに換算し，それぞれの座標値を表 3-1 と表 3-2 の欄外の該当箇所（c）に記入しなさい．（※分母のピクセル ＝ スケール右端点のピクセル値 − 左端点のピクセル値）

$$\text{スケールファクター} = \frac{(\qquad\qquad)\,[\text{m}]}{(\qquad\quad)\,[\text{ピクセル}]} = (\underline{\qquad\qquad\qquad})$$

(5) ステップ 5—身体重心の位置を画像に記入する

最後に，求められた身体重心の位置を試技画像に鉛筆で黒丸を記入しなさい．このために，ステップ 3 で求められた身体重心のピクセル値〔表 3-1 と表 3-2 の欄外の(a)の値〕を使用しなさい．

【文献】

de Leva, P. ‘Adjustments to Zatsiorsky-Seluyanov’s segment inertia parameters’, *Journal of Biomechanics*, **29** (9), 1223 (1996).

表１　身体各標点の二次元座標値（ピクセル値）

身体各標点（英語略記）	X	Y
頭頂点（VT）		
あご点（GN）		
胸骨上縁点（ST）		
左右股関節中点（MH）		
右肩関節点（RS）		
右肘関節点（RE）		
右手関節点（RW）		
右第３中手骨頭点（RN）		
左肩関節点（LS）		
左肘関節点（LE）		
左手関節点（LW）		
左第３中手骨頭点（LN）		
右股関節点（RH）		
右膝関節点（RK）		
右足関節点（RA）		
右踵骨点（RC）		
右つま先点（RT）		
左股関節点（LH）		
左膝関節点（LK）		
左足関節点（LA）		
左踵骨点（LC）		
左つま先点（LT）		

表２　原点とスケール両端点の二次元座標値（ピクセル値）

		X	Y
原点			
スケール	左端点		
	右端点		

表3-1　身体各部分の重心のX座標値(ピクセル値)

1列	2列	3列	4列	5列	6列	7列
記号→	PP	DP	p	G	m	G·m
部分↓	近位端点のX座標値	遠位端点のX座標値	質量中心比	部分重心のX座標値	質量比	
頭部	あご点(GN)：	頭頂点(VT)：	0.4024		0.0694	
体幹部	股関節中点(MH)：	胸骨上縁点(ST)：	0.5514		0.4346	
右上腕部	右肩関節点(RS)：	右肘関節点(RE)：	0.5772		0.0271	
右前腕部	右肘関節点(RE)：	右手関節点(RW)：	0.4574		0.0162	
右手部	右手関節点(RW)：	右第3中手骨頭点(RN)：	0.7900		0.0061	
左上腕部	左肩関節点(LS)：	左肘関節点(LE)：	0.5772		0.0271	
左前腕部	左肘関節点(LE)：	左手関節点(LW)：	0.4574		0.0162	
左手部	左手関節点(LW)：	左第3中手骨頭点(LN)：	0.7900		0.0061	
右大腿部	右股関節点(RH)：	右膝関節点(RK)：	0.4095		0.1416	
右下腿部	右膝関節点(RK)：	右足関節点(RA)：	0.4459		0.0433	
右足部	右踵骨点(RC)：	右つま先点(RT)：	0.4415		0.0137	
左大腿部	左股関節点(LH)：	左膝関節点(LK)：	0.4095		0.1416	
左下腿部	左膝関節点(LK)：	左足関節点(LA)：	0.4459		0.0433	
左足部	左踵骨点(LC)：	左つま先点(LT)：	0.4415		0.0137	

身体重心のX座標値(ΣG·m)

= (a) ＿＿＿＿＿＿＿＿ [ピクセル]：原点に対するピクセル値

= (b) ＿＿＿＿＿＿＿＿ [ピクセル]：二次元座標系に対するピクセル値(座標変換)

= (c) ＿＿＿＿＿＿＿＿ [m]：二次元座標系に対するメートル値(実長換算)

表3-2　身体各部分の重心のＹ座標値(ピクセル値)

1列	2列	3列	4列	5列	6列	7列
記号→	PP	DP	p	G	m	G･m
部分↓	近位端点のＹ座標値	遠位端点のＹ座標値	質量中心比	部分重心のＹ座標値	質量比	
頭部	あご点(GN)：	頭頂点(VT)：	0.4024		0.0694	
体幹部	股関節中点(MH)：	胸骨上縁点(ST)：	0.5514		0.4346	
右上腕部	右肩関節点(RS)：	右肘関節点(RE)：	0.5772		0.0271	
右前腕部	右肘関節点(RE)：	右手関節点(RW)：	0.4574		0.0162	
右手部	右手関節点(RW)：	右第３中手骨頭点(RN)：	0.7900		0.0061	
左上腕部	左肩関節点(LS)：	左肘関節点(LE)：	0.5772		0.0271	
左前腕部	左肘関節点(LE)：	左手関節点(LW)：	0.4574		0.0162	
左手部	左手関節点(LW)：	左第３中手骨頭点(LN)：	0.7900		0.0061	
右大腿部	右股関節点(RH)：	右膝関節点(RK)：	0.4095		0.1416	
右下腿部	右膝関節点(RK)：	右足関節点(RA)：	0.4459		0.0433	
右足部	右踵骨点(RC)：	右つま先点(RT)：	0.4415		0.0137	
左大腿部	左股関節点(LH)：	左膝関節点(LK)：	0.4095		0.1416	
左下腿部	左膝関節点(LK)：	左足関節点(LA)：	0.4459		0.0433	
左足部	左踵骨点(LC)：	左つま先点(LT)：	0.4415		0.0137	

身体重心のＹ座標値(ΣG･m)

＝ (a) ________________ [ピクセル]：原点に対するピクセル値

＝ (b) ________________ [ピクセル]：二次元座標系に対するピクセル値(座標変換)

＝ (c) ________________ [m]：二次元座標系に対するメートル値(実長換算)

三角関数表

度	正弦(sine)	余弦(cosine)	正接(tangent)	度	正弦(sine)	余弦(cosine)	正接(tangent)
0	0.0000	1.0000	0.0000	46	0.7193	0.6947	1.0355
1	0.0175	0.9998	0.0175	47	0.7314	0.6820	1.0724
2	0.0349	0.9994	0.0349	48	0.7431	0.6691	1.1106
3	0.0523	0.9986	0.0524	49	0.7547	0.6561	1.1504
4	0.0698	0.9976	0.0699	50	0.7660	0.6428	1.1918
5	0.0872	0.9962	0.0875	51	0.7771	0.6293	1.2349
6	0.1045	0.9945	0.1051	52	0.7880	0.6157	1.2799
7	0.1219	0.9925	0.1228	53	0.7986	0.6018	1.3270
8	0.1392	0.9903	0.1405	54	0.8090	0.5878	1.3764
9	0.1564	0.9877	0.1584	55	0.8192	0.5736	1.4281
10	0.1736	0.9848	0.1763	56	0.8290	0.5592	1.4826
11	0.1908	0.9816	0.1944	57	0.8387	0.5446	1.5399
12	0.2079	0.9781	0.2126	58	0.8480	0.5299	1.6003
13	0.2250	0.9744	0.2309	59	0.8572	0.5150	1.6643
14	0.2419	0.9703	0.2493	60	0.8660	0.5000	1.7321
15	0.2588	0.9659	0.2679	61	0.8746	0.4848	1.8040
16	0.2756	0.9613	0.2867	62	0.8829	0.4695	1.8807
17	0.2924	0.9563	0.3057	63	0.8910	0.4540	1.9626
18	0.3090	0.9511	0.3249	64	0.8988	0.4384	2.0503
19	0.3256	0.9455	0.3443	65	0.9063	0.4226	2.1445
20	0.3420	0.9397	0.3640	66	0.9135	0.4067	2.2460
21	0.3584	0.9336	0.3839	67	0.9205	0.3907	2.3559
22	0.3746	0.9272	0.4040	68	0.9272	0.3746	2.4751
23	0.3907	0.9205	0.4245	69	0.9336	0.3584	2.6051
24	0.4067	0.9135	0.4452	70	0.9397	0.3420	2.7475
25	0.4226	0.9063	0.4663	71	0.9455	0.3256	2.9042
26	0.4384	0.8988	0.4877	72	0.9511	0.3090	3.0777
27	0.4540	0.8910	0.5095	73	0.9563	0.2924	3.2709
28	0.4695	0.8829	0.5317	74	0.9613	0.2756	3.4874
29	0.4848	0.8746	0.5543	75	0.9659	0.2588	3.7321
30	0.5000	0.8660	0.5774	76	0.9703	0.2419	4.0108
31	0.5150	0.8572	0.6009	77	0.9744	0.2250	4.3315
32	0.5299	0.8480	0.6249	78	0.9781	0.2079	4.7046
33	0.5446	0.8387	0.6494	79	0.9816	0.1908	5.1446
34	0.5592	0.8290	0.6745	80	0.9848	0.1736	5.6713
35	0.5736	0.8192	0.7002	81	0.9877	0.1564	6.3138
36	0.5878	0.8090	0.7265	82	0.9903	0.1392	7.1154
37	0.6018	0.7986	0.7536	83	0.9925	0.1219	8.1443
38	0.6157	0.7880	0.7813	84	0.9945	0.1045	9.5144
39	0.6293	0.7771	0.8098	85	0.9962	0.0872	11.4301
40	0.6428	0.7660	0.8391	86	0.9976	0.0698	14.3007
41	0.6561	0.7547	0.8693	87	0.9986	0.0523	19.0812
42	0.6691	0.7431	0.9004	88	0.9994	0.0349	28.6364
43	0.6820	0.7314	0.9325	89	0.9998	0.0175	57.2904
44	0.6947	0.7193	0.9657	90	1.0000	0.0000	(無限大)
45	0.7071	0.7071	1.0000				

著者略歴

宮西　智久（みやにし　ともひさ）
現在　仙台大学体育学部 教授
専門　スポーツバイオメカニクス
博士（体育科学）

スポーツバイオメカニクス　完全準拠　ワークブック

第1版　第1刷　2020年3月10日
　　　　第3刷　2023年5月20日

検印廃止

著　者　宮西智久
発行者　曽根良介
発行所　㈱化学同人

〒600-8074　京都市下京区仏光寺通柳馬場西入ル
編集部　Tel 075-352-3711　Fax 075-352-0371
営業部　Tel 075-352-3373　Fax 075-351-8301
振替　01010-7-5702
E-mail webmaster@kagakudojin.co.jp
URL https://www.kagakudojin.co.jp
印刷・製本　モリモト印刷株式会社

ISBN978-4-7598-2034-8